村长

Oh My God！

这居然都是真的

地球村讲解员◎著

江苏凤凰文艺出版社
JIANGSU PHOENIX LITERATURE AND ART PUBLISHING

目录

CONTENTS

这 居 然 都 是 真 的

01

『吃货』请注意

人为什么爱吃辣

很多人有一个模糊的印象，会觉得中国种植最多的蔬菜是大白菜。实际上，种植最多的不是个头最大的大白菜，也不是味道甜美的番茄，而是多数时候仅作为调味品的辣椒。全国辣椒年产高达4000万吨。并且，全中国几乎没有地方不种辣椒的，连最不能吃辣的福建人都种出了号称“神椒一号”的顶级辣椒。

在许多不吃辣的人士看来，吃辣似乎是一种自虐，但就算如此，也是一种良性自虐。辣椒中的生物碱辣椒素会和人体内感觉神经元的香草素受体亚型1结合，产生灼痛感，让大脑误以为“身体受伤了”，从而释放内啡肽来止痛，这东西可以带来快感，让人越吃越上瘾。

远古时期的一个哈瓦那辣椒，据说几个就可以放倒一头体重70吨的蜥脚龙。辣椒原想借此吓跑哺乳动物，让没牙齿的鸟类通过啄食为自己播种，没想到遇上嗜辣成性的人类，经过人类之手，辣椒被改良得越来越辣。

现在有专门的史高维尔测量法用来测量辣椒的辣度。这个方法是，把辣椒磨碎后，用糖水稀释到尝不出辣味，不同辣度的辣椒所需的稀释糖水量不同。稀释的倍数就代表辣度。甜椒的辣度也就是0。

▶▶ 鳗鱼危机

鳗鱼饭是一种从江户时代起流传至今的特色美食，堪称日料店的王者！可惜如今国内鳗鱼饭的质量令人担忧，想要吃到正宗又富有匠人感的鳗鱼饭，还是要去往一海之隔的岛国日本。不过遗憾的是，现在即便去日本，也不一定能吃到了。

2015年，日本鳗被列入濒危物种名录，日本鳗的两位兄弟美洲鳗和欧洲鳗，前者濒危，后者极度濒危。但追根究底，我们发现鳗鱼混到今天这种地步，除了人类的大量捕食外，和它们自身的特殊习性也脱不了干系。

鳗鱼的生活习惯，和一般洄游鱼类是反着来的，即降海洄游，也就是说，鳗鱼大半辈子都在河里生活，要产卵时则游向远洋。人类花了半个多世纪，才在茫茫大海中锁定日本鳗产卵的地方，竟在马里亚纳海沟附近！鱼卵孵化出的幼鳗，先跟着洋流漂啊漂，一边漂一边长大，待长成玻璃鳗后才会游向海岸。人类就是在这个阶段将其截获并养殖大的。这样长途跋涉的繁育方式注定它们的族群不会特别繁盛。

此外，鳗鱼还是一种可以自由变性的动物，它们的性别由种群密度决定。一条鳗鱼发现身边的小伙伴足够多时，就会自动变成雄性；而当种群数量下降时，又会变成雌性。所以鳗鱼养殖户常会发现，一群雌性鳗鱼养着养着，就变成一群雄鱼了。

但人工养殖的鳗鱼，它们的性别变化并不能带来交配和繁殖，因为鳗鱼无法在人为环境下性成熟，而是要依靠人工催熟。但授精繁殖的成本高得离谱，要6万元人民币一尾！所以，在所有养殖鱼类中，日本鳗是唯一完全依赖野生鱼苗的鱼种。问题在于，现在野生鳗苗正在逐年减少，鳗苗的价格涨到了一尾450多元人民币！

这也是鳗鱼饭为什么那么贵的原因。

你不了解可口可乐

可口可乐最早是一种饮用药水，能治疗轻微的神经衰弱和头痛。

可口可乐的弧形瓶灵感来自可可豆豆荚。一个1915年版的可口可乐瓶，起拍价可高达101万元人民币。

1927年首次进入中国时，可口可乐曾有一个自绝销路的译名：蝌蚪啃蜡。

可口可乐每年在广告上要花近300亿元人民币。可口可乐在中国的第一个电视广告，播放于1986年，由中央电视台及18家地方电视台同时播出。

地球上每秒钟就能卖出19400瓶可口可乐饮料。这些可口可乐都是在装瓶厂的流水线上用浓缩液调制出来的。1桶可口可乐浓缩液可以调制出25万升可乐。

除了九成的水，可口可乐里还含有甜味剂、色素、酸度调节剂，以及其他能让人快乐的东西。可口可乐配方之谜在于它所使用的食用香精，即号称的“七味秘密香料”。不过2011年曝光过一份可乐配方，其中包含香菜精油、肉桂精油等——确实适合做鸡翅。

挑战过可口可乐的中国汽水非常多，如非常可乐、崂山可乐、天府可乐、少林可乐、西湖可乐、汾煌可乐……但可口可乐的“死对头”从来只有一个，那就是百事可乐。

▶▶ 根本吃不起

胡椒在古代欧洲是巨富的象征，早期垄断在阿拉伯人的手里。他们从原产地印度运往欧洲，价格往往翻了上百倍不止。自视高贵的罗马人，500道菜有480道都需要用到胡椒，胡椒更是成为上流社会的身份象征。

大航海时代，胡椒也贡献了自己的功劳。因为胡椒的价格长期居高不下，造成欧洲大量金银外流。到了中世纪，欧洲人已经没有钱来购买这种昂贵的香料。据说葡萄牙冒险家达·伽马穿过好望角到达印度，目的之一就是为了尽情享受胡椒而不受阿拉伯商人的控制。达·伽马最终航海成功，为欧洲带来了源源不断的香料。

胡椒在中国也曾是可望而不可即的高档货。唐朝宰相元载被抄家时，除了大量金银珠宝，还抄出800石胡椒。宋朝，胡椒开始在广州等地小范围种植，加上宋朝的海运也很发达，大量胡椒可以通过海上贸易来到中国，这时胡椒才褪去金身，逐渐走上平民的餐桌。

到了明朝，胡椒甚至还一度成了硬通货，明成祖朱棣竟然用胡椒来给官员们发工资。《金瓶梅》里的西门庆，更是用李瓶儿攒的80斤胡椒置换了一栋四层楼的“别墅”。

▶▶ 很健康，别担心

合成牛肉

它们大多都是牛肉的边角料加一些添加剂合成的，很多人担心合成肉不健康，大多是担心添加剂对身体不好。其实合成肉中的添加剂主要是卡拉胶和TG酶，卡拉胶是从海藻中提炼出来的多糖的统称，可以催化蛋白质分子间发生交联，起到重组碎肉的作用。它属于天然的食品添加剂，被它粘连的肉不仅外观看起来天衣无缝，烹饪加工时也不会分散，还不会破坏食物里的营养成分。在我国食品安全国家标准中，就有明确规定，卡拉胶可在各类食品中按生产需要适量使用。TG酶又叫谷氨酰胺转氨酶，是一种蛋白质，吃下去和其他蛋白质一样被消化分解成氨基酸，所以不会有什么危害。

水果罐头

罐头的保质期长达1至3年，被很多人误解里面含有大量的防腐剂，但是保质期长并不等于添加了防腐剂。罐头食品保质期长，主要是由制作工艺决定的，和防腐剂没有半点关系。巴氏灭菌处理后的食物存放在真空环境的罐头里，无菌无氧，微生物根本没法生长繁殖。马口铁、玻璃罐等密封形式能够有效隔绝外界氧气，不会让微生物有机可乘。况且，根据《食品添加剂使用标准》，水果类罐头更是不允许添加任何防腐剂。

罐头还常常被认为是没有营养的食物。但实际上罐头采用的巴氏灭菌温度一般在120℃左右，菜、水果类灭菌温度会更低，在80℃—90℃，这意味着罐头中的大部分营养成分都能被很好地保留下来，仅有极少数不耐热的维生素会被破坏。而家里炒菜的温度甚至比它还要高，因此，罐头的营养成分不见得比锅里的菜差。

速冻食品

速冻食品并不是简单地“冰冻”，而是在零下30℃以下的冻结温度中快速完成冻结过程的食品，不光细菌停止“蹦迪”，酶的活性也被大大抑制，食品内的生物化学反应基本停止，简直就是手动暂停的黑科技。速冻时食物细胞膜在很短时间内达到了冰结晶温度，形成无数小冰晶，它们几乎不会破坏食物细胞，可以最大程度保留食物原味。一旦解冻，基本可以恢复到之前的状态，某些营养成分甚至可以更好地保存下来。冷冻后的青豆所含β-胡萝卜素甚至比新鲜青豆更高，所以很多冷冻食品也不需要防腐剂等食品添加剂。

▶▶ 你离不开的玉米

玉米可以说是人类生活中最离不开的物种，从早到晚，几乎一刻都离不开。

早起梳妆，牙膏、化妆品、垃圾袋中都含玉米成分。

早餐牛奶泡麦片，不仅麦片中含有玉米，牛奶中也含有，因为玉米是重要的饲料原料。为了让它们更好地为人类服务，人们也用玉米喂鸡、喂羊、喂猪，甚至喂鲶鱼、罗非鱼等。

然后含一片玉米维C出门，开一辆烧玉米乙醇的小车，工作时用的是玉米秸秆造的纸。

午饭是炸鸡和饮料，鸡块裹了玉米粉，炸鸡用的玉米油，其他让鸡块变清新的各种添加剂（柠檬酸，酵母，卵磷脂，单、双脂肪酸甘油酯，三酸甘油酯）原料都是玉米，连饮料中的甜味都来源于高果糖玉米糖浆（一种含量仅次于水的甜味剂）。

晚饭是蛋黄玉米，和一碗玉米排骨汤。

夜宵是烤玉米和酒，而酿酒的重要原料也是玉米。

而这，还不算没提到的芝士焗玉米、东北玉米饼、山西小窝头。

▶▶ 中国黑暗料理

北京豆汁（重口味指数★★★★）

北京豆汁由做绿豆粉的下脚料发酵而成，酸中带着一股馊腐的怪味，简直像洗过300双臭袜子的水。这种味道一般人可能接受不了，但一些老北京人却爱得深沉。

重庆烤脑花（重口味指数★★★★★）

烤脑花是川渝地区的特色小吃，由猪脑烤制而成。烤好的脑花还带着黏液和血丝，让人害怕到丧失食欲，但重庆人相信，吃过一次，就有第二次。

顺德水蟑螂（重口味指数★★★★）

水蟑螂学名龙虱，像油光锃亮的大蟑螂，广东顺德人相信它们有滋补价值，可治尿床，并有固精防早泄的功效。油炸之后，撒上椒盐，就成了餐桌上的贵重美食。

泉州土笋冻（重口味指数★★★★）

土笋是一种生长在海边泥土里靠吸收泥土养分生存的海生物，又叫海蚯蚓。这种手指粗细的蚯蚓蠕虫，熬化以后凝成果冻，就是土笋冻。相传它的发明人是郑成功。

贵州牛瘪火锅（重口味指数★★★★★）

取出宰杀后的牛胃及小肠里未完全消化的食物，加入佐料放入锅内，文火慢熬而成，是黔东南苗族和侗族美食，被认为有健胃助消化的功效，是待客上品。

▶▶ 泡面的真相

中国人一年要吃掉 400 亿包泡面，平均每秒打开 1465 包。

“吃一碗泡面 32 小时都不会消化。”这个谣言来自 2011 年，媒体从业者史蒂芬妮·巴丁和医生布雷登·郭通过胶囊内镜的方式拍摄了“泡面”和“手工拉面”被吃进肚子里的对比，32 小时之后，手工拉面已经全部消化，泡面似乎还能看到一点形状。从此，泡面就被打上不好消化、有害健康的标签。

其实这个科学实验并不严谨，实验的样本只有两个人，而且每个人的消化能力也不一样。原视频中两种面，在 2 小时后基本都消化了，只是泡面还能看见一点样子而已。所谓的 32 小时，只是媒体的过度解读。最重要的是，胶囊内镜技术目前还不能达到连续拍摄 32 小时，更从侧面证实了其谣言的性质。

泡面里防腐剂太多更是无稽之谈，因为面饼里的水分含量很低，微生物很难生长，根本就不需要添加防腐剂。泡面的发明人安藤百福几乎每天都吃泡面，人家活到了 97 岁。

▶▶ 全球顶级海鲜

帝王鲑

三文鱼中的“高富帅”，鲜嫩甘甜入口即化，鱼油成分还高，特别是 OMEGA 油，1 公斤能卖到 4000 元人民币。

帝王蟹

中国人吃的帝王蟹，还有南北（半球）之分，不过都因生长于极寒深海，硕大肥美，不愧蟹中之王。

东海野生大黄鱼

曾经 1 斤只要几分钱，现在单条售价可高达 9 万元人民币，而且不是吃不起，是一鱼难求。真是“鱼不可貌相”。

蓝鳍金枪鱼

肌肉组织强健细腻，堪称鱼中“劳斯莱斯”。2019年，一条重达278公斤的蓝鳍金枪鱼在日本拍卖出2100余万元的天价。

蓝龙虾

属于罕见的基因变异，200万只龙虾中才会出现一只蓝龙虾，但售价低于澳洲龙虾（150元人民币1斤），且煮熟了都一个样。

鹅颈藤壶

海洋里的火腿，中国叫狗爪螺，长在礁石上，靠海浪供氧，因为不好采，1斤要价高达200到300元人民币。

法国贝隆生蚝

又叫贝隆铜蚝，肉质结实有弹性，咬感和金属味都是巅峰之作，是蚝中极品。

新西兰黑金鲍

生长环境绝佳，但长相粗糙，肉色呈亮黑色，爽滑鲜甜，10年才磨一鲍，一粒能卖人民币500多元。

这 居 然 都 是 真 的

02

人类猜猜看

公元 10000 年……

2024 年，SpaceX 送第一批人类到火星。

2026 年，国际热核聚变实验堆（ITER）首次启动，能源取之不尽这件事变得有希望了。

2029 年，小行星轨道被人工干预，阿波菲斯与地球擦肩而过。

2030 年，日本科学家开始挖地球了（钻探地球地幔）。

2033 年，第一座火星城市开张了。

2036 年，探测器被送出太阳系，直接到达阿尔法星系。

2038 年，NASA 向土卫六（泰坦星）发射潜艇，寻找甲烷海洋中的生命。

2040 年，卫星在轨道上收集太阳能并发送到地球。

2048 年，人类乘坐太空电梯上天了。

2050 年，地球人口达到 100 亿，大家都去火星住了。

4000 年，人类大脑与计算机相连，纳米机器人可修复细胞，永生不再是梦想。

10000 年，人类住在一个被保护起来的干净世界里，时不时搭乘星际电梯出去玩。

▶▶ 生死5秒钟

氧气对人是极其重要的，实际上对地球也是极其重要的。假如地球缺氧5秒钟，将会发生许多不堪设想的后果：

第一，地球会碎成渣，因为地壳的一半（48.6%）是氧。

第二，由于反射光线粒子减少，天空变灰，二氧化碳变成碳粒，全球普降黑色大雪。

第三，没了臭氧，紫外线全面入侵，人类变成烤串。

第四，水会分解成氢气团逃走，江河湖海秒变沙漠……黄河就真的“黄”了。

第五，刹车失灵，飞机坠落，超大型车祸现场同时出现。

第六，气压骤降21%，好比一秒升高100米，耳膜瞬间炸裂。

第七，没有氧化物，各种金属会瞬间融合。

第八，世间不再有黏合剂，混凝土建筑整段垮掉。

5秒钟后……氧气回来了，活着真好。

▶▶ 假如人类消失……

我们现在所看到的地球，早已是人类改变了的地球。也就是说，如果人类消失，地球将很快变成另外一种完全不同的样子。如果人类消失：

5个小时后，地球上所有的灯光将熄灭，因为没人管理各地的发电站了。

1个星期后，地下水会溢满地铁隧洞，各种宠物将开始在大街上厮杀。

1个月后，核电站的冷却水蒸发干净，蘑菇云会此起彼伏。

1年后，“星星”从天而降，那是失去动力的人造卫星。蟑螂可能灭绝，因为它们在0℃以下的环境中会冻死。

25年后，像迪拜、拉斯维加斯这样的城市将重新成为沙漠，而嵊山岛这样的城市或乡村将完全被植物吞噬。宠物狗与狼的后代在此捕食小鹿，花菜、卷心菜退化成为野菜。

50年后，挪威全球种子库的向日葵开始发芽，然后枯死。

100年后，《蒙娜丽莎》被腐木虫彻底毁坏。

300年后，埃菲尔铁塔、金门大桥崩溃，轮船消失，鲸鱼又开始千里传音来约会，核辐射已全部被大自然消解。

500年到5000年后，金字塔、长城，甚至塑料、玻璃碴都没了，地球完全恢复昔日的风采。

而人类消失3亿年后，新的智能生物就会出现，但直到他们登上月球，看到遗留在那里的登月车，才会知道在他们之前，地球上存在过一种智慧生物。

▶▶ 假如人可以光合作用

植物中负责将二氧化碳转化为糖分的是叶绿素，人类如果想要实现光合作用，皮肤中必须要充满叶绿素，所以人类会像“绿巨人”一样，浑身绿油油的。不过根据光合色素不同（叶绿素、胡萝卜素、藻蓝素、藻红素），人类会分成绿叶人、黄叶人、蓝叶人和红叶人。

在最理想的状态下，一个成年人通过光合作用摄取的能量最多不超过212大卡，仅仅相当于半根油条的热量，这点能量不足以支撑一个人一天的活动，除非你努力增加皮肤表面积，变得更大更扁。

像生活在北京、上海这种人口稠密地方的人，他们的身高还会增长，长到3米至5米高都不足为奇。除此之外，还可以通过改变生活环境来提高光合效率，比如向赤道和高原地区迁徙，内罗毕和拉萨的房价肯定会炒得特别高。

光合作用的效率实在太低，人类必须得靠固氮作用提高转化率，所以身上长个大瘤子（固氮微生物共生）可能会成为美丽的标准。

70 亿人口变成 70 亿株植物，不但可以减排二氧化碳，甚至还会消耗以前积累的二氧化碳。温室效应将会成为历史，空气中的氧含量会大幅增加，人类可能会回到几亿年前的巨虫时代。2 米大的蜻蜓，5 米长的蜈蚣到处都是。

目前维持 37℃的体温太耗能量，人类还得朝着变温动物进化，冬天必须要冬眠。那样的话，就真有正当理由睡懒觉了。

地球以前的样子

假如我们可以乘坐“人类号”时空穿梭机，去看看地球以前的样子……

火力有点猛，一下跑到了 46 亿年前，这个时期地球刚刚形成，只是一团因为自身重力而凝聚起来的气体和灰尘，说白了就是一团太空垃圾，没有地表，更没有大气，所以你是处在真空里，预计 15 秒内就会死掉。

我们再来看看 44 亿年前，这个时期的地球要比之前好很多，不仅形成了地表，也凉爽了不少。这个时期的地球还从地底喷出水蒸气，和其他气体组团形成了大气，不过大气里全是甲烷、二氧化硫和氨气，呼吸一口全是臭鸡蛋的味道。

再来看看38亿年前，这个时期，地球一天只有6个小时，因为地球和月球离得太近了。陨石和小行星不间断轰炸地球，如果不走运，一颗流星会击中你，或从你头顶飞过时把你烤熟。

到24亿年前，人类的大功臣蓝藻已经出现了，它们以大气中的二氧化碳为食，排出的废气毒死了地球上的“原住民”厌氧生物。蓝藻细菌大量排出的废气就是氧气。这个时期对你也不太友好，因为大气中只有4%的氧气，你能适应的氧气含量在21%左右。吃饭也是问题，地球上唯一能吃的就是藻类，但是它们体内含有藻类毒素，这是自然界最强大的神经毒素之一，吃了会窒息而亡。不吃又会饿死。

5亿年前，如果你不幸降落在海里的话，没有外壳的你对于海里的大鱼来说就像烤乳猪一样美味。这个时期臭氧宝宝还没有出生，所以你必须要带着SPF250以上工业级别的防晒霜抵挡紫外线。如果不带太阳镜的话，UV射线会在15分钟内烧穿你的眼角膜。

3亿年前，地球的含氧量已经在35%左右，大概是现在的2倍，所以在这里你可以看到2米长的蜈蚣、1米长的大蝎子、0.5米长的蚂蚁，这个时期的地球太危险。

2亿年前，恐龙称霸了这个星球，天上飞的是顶级捕食者翼龙，它们的翅膀展开长达12米，如果你在一片开阔地被它们发现，几乎无处可逃。海里飘着的是一些巨型海怪，比如20多米长的鱼龙目，17 米长的蛇颈龙，任何一种都能把你吓个半死。

你最能适应的大概是 320 万年前，这是露西的时代，她是智人的祖先。这时的他们已经从树上下来，但这对于你来说可能不是什么好事，因为早期的人类可能会射杀你。虽然露西比你矮，但是比你健壮很多，你的出现应该可以让他们饱餐一顿。

▶▶ 可怕的塑料星球

在浩瀚的宇宙中，地球是一颗充满梦幻感的蓝色星球，由于这里生活着人类，地球又是一颗充满无限可能性的星球。然而，人类的存在也使地球充满了压力，所有压力中最不容易消化的是塑料。当我们说地球是一颗塑料星球时，意味着问题已经十分棘手。

如今，地球上只要有人居住的地方，哪怕是最偏僻的犄角旮旯，塑料垃圾也随处可见。全球每年生产的塑料超过 3 亿吨。有 800 万吨塑料垃圾被冲进大海。漂浮在海洋上的塑料碎片多达 5.25 万亿片。预计到 2050 年，海洋里塑料垃圾的重量将会超过所有鱼类。

人类最早发明塑料，是为了取代象牙制成的台球，现在，塑料反而成了杀害动物的凶手。但塑料造成的物理伤害还不是最糟糕的。糟糕的是，塑料在分解成直径 50 微米至 500 微米的微粒时会吸附化学物质，而它们被浮游生物当作食物吃下，浮游生物被小鱼吃，然后小鱼被大鱼吃，大鱼被更大的鱼吃。在食物链中的位置越高，最终摄入的毒素就越多。这叫生物富集。

科学家曾发现一头母鲸拖着一头没有受伤却死去的小鲸，游了好几天都不愿放开。难以想象的是，小鲸就是被母鲸受到污染的乳汁毒死的。

当然这也不是终点，2018 年一项检测发现，人类排泄物中多达 9 种微塑料——也就是说，我们曾经随手一丢的垃圾，兜兜转转又循环给了我们自己。

03

颜色的秘密

吓人的口红

每个爱美的女生都离不开一种害虫——胭脂虫。它寄生在仙人掌上，靠吸食汁液为生。一片仙人掌能养肥三四克胭脂虫。

成年后的雌性胭脂虫会在体内生成保护自己的胭脂红酸，这种红色液体经过提纯加工后就是纯正的红色素：胭脂虫红。碾碎14万只胭脂虫，能得到1公斤干胭脂虫粉末。因为稀少且具有良好的光热稳定性和抗氧化性，越是高档的口红，就越会选用这种天然色素。

其实这还好，要知道，农作物中含量在7%以上的辣椒红素，也是制作口红的上好原料。而新疆产的辣椒，辣椒红素高达22%，着色力超强，很多大牌口红的色素原料就采自这里。

不只是红色，越纯、越好看的颜色，一般来说，其色素来源越令人意外，比如罗马宫廷紫，就是从贝壳中提炼出来的。

用不起的紫色

紫色大概是最“难搞”的颜色，在古代最昂贵，在现代最桀骜不驯。古代人一般不“配”拥有紫色，现代人没有这样的限制，却也无法驾驭，因为不易搭配。

古人得从紫草根部提取紫色，反复漂染 10 多次，还得是珍贵的丝绸，才能着上色。在唐代，穿紫色官服都得官职在三品以上。宋代人在穿紫色衣服方面没有严格的限制，但也得是比较有钱的读书人。

紫色在西方世界的情形更夸张。腓尼基人，字面意思就是穿绛紫色衣服的人。他们发明了贝紫（骨螺的鳃下腺）染色法，将骨螺混合草木灰浸泡在尿液里，在光照作用下，骨螺的鳃下腺分泌物会逐渐演变成色牢度超高的紫色色素。可 1 万只骨螺才能分泌出 1 克紫色染料，而这大概只够染半个头。这种明显带尿骚味儿的高级色，被埃及艳后看中后，还成了宫廷的专用色。英文里表示出身名门的词语 born in the purple，就是这么来的。

直到 1856 年，地球上第一个合成染料苯胺紫意外诞生，才终结了紫色的高贵基因。

▶▶ 意想不到的颜料史

粉色

过去粉色可不是少女心，而是贵族男子的专属颜色，代表着肌肉和坚定的意志。拿破仑骑兵团就有个响亮的名号——粉红色军团 。所以有的男孩子喜欢粉色一点也不奇怪，人家也是有男子气概的。

群青

这是一种令人破产的颜料，只能从青金石中提取，而青金石的价格是黄金的5倍。米开朗琪罗因为买不起群青，才导致了《埋葬》这幅画的烂尾。维米尔倒是用得很大方，然后他就自然而然地变成了穷光蛋。

铬黄

凡·高画了11幅向日葵，每幅都使用了大量的铬黄色。这种颜料铅含量很高，毒性很大。

04

贵的或便宜的

种一颗钻石

如果你知道全球人工钻石产量最高的地方在中国河南，就不会奇怪中科院为什么宣布种出了钻石。

天然钻石是碳元素在高温高压作用下形成的一种单质晶体，几亿年前被火山运动急速带出地表。炸开 5 万吨金伯利岩矿石，就可以获得 15 万克拉钻石，但它本质上和铅笔芯是同一个东西，不信你可以烧烧看。所以只要模拟同样的形成条件，就可以合成钻石。

比如用一个籽晶片，注入甲烷和氢气，加热到 1000℃，分离出碳原子，逐渐沉积到晶种上，一颗可爱的钻石就能以时速 0.007 毫米长成了。这可是真的，就跟冰箱里的冰也是真的冰一样，这种钻石价格只有天然钻石的 1/6。

200 年前钻石确实稀有，因为辛苦一年，全球只能开采到 10 公斤，但现在中国一年就能造 200 亿（克拉），覆盖了全球 90% 的地方，连巨头戴比尔斯也要从河南进口六面顶压机。

但问题是，你愿意送她一颗人造钻石吗？

▶▶ 黄金怎么来的

广东人在全国彩礼地图中两万垫底？不要太天真，他们砸的可是黄金。

老话说："无三金，不成婚。"黄金这种稀罕物可不像钻石，人工种一种就可以有，只有超新星级别的爆发，才能生成金元素，它们与早期的地球融合，大部分沉入了地核，跟着地壳运动，岩浆把地下的金带出地表，冷却后储藏在花岗岩等岩石内部和缝隙中，这就是岩金。

岩金风化后，金颗粒被冲到河中和海底，与泥沙沉积在一起就形成了砂金。

每吨石头含有 3 克到 5 克黄金就值得开采了，熔铸这样一块金砖，至少需要 300 吨金矿石，地表的金矿显然完全不够用。南非开采的一个黄金矿井，已经深入到了地下 4000 米。

不过办法总比问题多，一种叫耐金属贪铜菌的细菌，在吃下土壤中的微量金元素后，可以通过体内 CupA 酶的转化排出纳米级的金块。还得说大自然"人才"多。

▶▶ 地球纸贵

古代苗人造树皮布，打得太薄就变成了废品。而正是这些废品，使蔡伦受到启发，才有了后来的纸。

现在，全球1年光生活用纸就需要3750万吨，英国1人1年要用110卷厕纸居欧洲首位。中国1年用掉最多的是纸板箱，要2510万吨。

卫生纸也是奢侈品，比如葡萄牙彩色卫生纸，据说这种卫生纸都采用生长超过30年、直径10米以上的檀香加工而成，香味有效期长达5年（将近100元人民币一卷）。德国24k纯金印花卫生纸（要1652元人民币一卷），真的擦不起。

地球最大的宣纸在安徽泾县，比三层楼高（三丈三，11.4米×3.6米），要28个大汉一起才能捞起来。一张的价格近2万元人民币。

地球上最薄的纸，厚度只有0.02毫米，是头发丝的三分之一。这种纸，6米长就要卖4750元人民币。

古代窗纸，大户人家才有，都是文化人稿子没写好，废掉的才拿来糊窗。钞票是棉浆造纸，比普通植物纤维长，吸水后变形小，所以能活着走出洗衣机。

废纸回收利用真的很重要。回收1吨纸，能救下17棵树，节省26320升水、1753升油和4077度电。快毕业的同学，书本试卷不要扔掉。

这居然都是真的

05 奇葩的古代人

不爱洗澡的古人

中世纪的欧洲，只有神经病才会天天洗澡。太阳王路易十四一生只洗了 7 次澡，10 米开外就臭气熏天。你想不到的是，如今的时尚用品香水和香袋正是他当年为掩饰体臭的伟大发明。

资助过哥伦布的西班牙女王伊莎贝尔，最骄傲的事竟然是一生只洗了两次澡，一次是出生时，一次是入洞房时。

伊丽莎白一世女王，一月洗一次澡，竟然被嘲笑有洁癖。这就不难理解，欧洲的香水业为什么会那么发达。

来到欧洲中世纪

提到欧洲的中世纪，一般会用到一个形容词，黑暗的。很多人奇怪为什么欧洲的中世纪是黑暗的，不妨想象一下，你穿越到了中世纪的欧洲。

一觉醒来，你发现自己睡在满是牛羊的窝棚里，正在给你做饭的妻子因长期不洗澡浑身散发着酸臭味（当然你自己也好不到哪里去），毕竟国王一生也只洗了3次澡。你吃了比石头还硬的黑面包，顺便用它打跑了两个强盗，这时你的肚子一阵翻江倒海，妻子指了指地板，让你完事后往墙角铲铲。你决定出门看个医生。妻子嘱咐你穿好高跟鞋，并且小心从天而降的“黄金雨”。你去了理发馆，理发师兼医生给你放了点血，你感觉好多了。

你想要在这里成就一番事业，准备当个歌手，在教会唱歌养家。到了教会才发现，歌手都是要被阉割的，所以你就逃跑了，一路上都是大便、坟墓和尸骨。这些都是黑死病造成的。这时你遇到了一个穿着高跟鞋、红丝袜，喷着浓烈香水的贵族。

你想用知识拯救这里的人，但能读会写的你通常被认为是异类。教会到处搜罗，终于抓到你，在宗教法庭判你为巫师，最终在人山人海的广场上，把你烧死了，享年30岁。

▶▶ 大红大紫的国货

我们可能想不到，在印度和非洲一些国家，最被珍视的中国货竟然是泡面。泡面在非洲是身份和财富的象征，非洲的大企业在过年过节时会把泡面当作福利奖励给特别优秀的员工。

中国泡面，自从进入印度就是一款中上层阶级的标志食品，无数印度蓝带厨师的日常工作就是研究泡面的各种新奇吃法，不惜用世界上最昂贵的乳酪。一些印度人为了吃泡面，甚至还专门学习如何使用筷子。

“飞跃”这双早被国人嫌弃的球鞋，在国外却是人见人爱的百搭潮品，短短数年间在法国开了上百家门店，一度引起排队抢购的热潮。就连走在潮流最前沿的韩国，也有不少人是飞跃鞋的粉丝。

传音手机在非洲占有率高达48.71%，就是说，每两个非洲人就有一个人使用传音手机。传音手机主打低价和超长待机，还专门针对黑人皮肤设计了实时美颜功能。

清凉油在国外火了40多年，从蚊虫叮咬到感冒晕车全都管用，完全地满足了外国人对神奇中医的所有幻想。

对我们来说烂俗到厌倦的网络小说，却让外国人欲罢不能甚至通宵追更。美国最大的玄幻小说网站有成百上千部被搬运过去的玄幻小说，由翻译组翻译，放在美国的网站上。文化差异非但没有变成障碍，反倒很有美国读者喜爱的新鲜感。

▶▶ 古代结婚需要多少钱

原始社会，男人娶妻只需要一根棍，看中哪个打晕扛回洞里就行。

西周打一只大雁，就能换个妹子当老婆。

汉朝需要30样聘礼，有位公职人员熬到50多岁，才攒够彩礼，准备彩礼古人也难。

唐朝人的婚姻功利性很强，攀比严重，喜欢找金龟婿，宁做大龄剩女也不嫁没钱人。穷女难嫁，穷汉难娶。

宋朝流行天价嫁妆，秦桧的老婆进门带了20万贯钱，相当于今天的1亿元。苏辙嫁女差点破产，送了价值9400贯的农田做嫁妆。

元朝流行天价彩礼，中产娶妻要花1300贯，相当于一家人的全部财产，没钱就当个上门女婿吧。

明朝女娃还在吃奶，就有富家子弟下聘礼，折合现在要200多万元，普通人也是娶不起。

光绪皇帝娶老婆，一场婚礼花了100多亿元，皇后的陪嫁也不弱，400多个用人两天两夜都没拉完。

明朝偶像男团

朱元璋当上皇帝后总担心有刁民想害他，于是专门搞了个军政情报机构——锦衣卫，只听命于皇帝一人，不受任何机构的制约和管理。他们身穿飞鱼服，手持绣春刀，随侍皇上左右，深受京城单身及已婚女性的喜爱。锦衣卫声势堪比现在的偶像男团，看上去人人体格健壮、样貌俊美，可帅可酷可“高冷”，但是干的都是一些心狠手辣的事。

锦衣卫专治“各种不服”，自带法庭与监狱双重功能，提供审查、关押、处决“一条龙服务”。皇帝看谁不爽，锦衣卫就去抓谁。他们发明的审讯方法，可以写一本《大明酷刑大全》。上至宰相藩王，下至平民百姓，都处于锦衣卫的监视之下，一旦被他们盯上，那就只能自求多福了。锦衣卫是一个集偶像天团和冷血杀手于一身的奇怪存在。

▶▶ 单身违法

春秋争霸，靠的就是人口，各国都变着法地鼓励生育。秦国想称霸，从娃娃抓起。官府每年都会给单身男女来一场“非诚勿扰”，如果你不参加，那是要坐牢的。男娃成年后就不能睡在一起了，否则就得交罚款。

勾践（越国）为了鼓励生育出了狠招，不管生男生女都有奖励，生 3 个以上小孩的家庭国家还分配奶妈。女孩子 17 岁还未嫁，父母是要坐牢的。

晋朝的政策，女生到了年纪还没嫁人，国家会分配对象。

北齐更狠，15岁到20岁不结婚的女生，就要处死家长，怕不怕？

汉朝大龄“剩女”要交高昂“单身税”，相当于一人一年的口粮。单身是要破产的，太难了。

唐朝为了鼓励生育也是下了血本，家里只要有18岁以上的男生，就能分100亩地。女生13岁就能嫁人，国家还送30亩地的嫁妆。唐朝果然大手笔。

▶▶ 唐代很潮

唐朝的公职人员不好做，一天要打3次卡，迟到早退还得屁股上挨板子。

大熊猫在唐朝时就是国宝，武则天帮日本改名的时候，顺手送了两只大熊猫。

唐朝就已经有了外卖服务，上至达官贵人，下至平民百姓，都离不开外卖小哥。

唐朝男子有着我们想象不到的精致日常：戴花、喷香水、文身、敷面膜。

唐玄宗时期房价很便宜，1700平方米的大别墅只要138贯钱，相当于40万元人民币。

老百姓根本不用担心吃到过期食物，唐朝的法律对腐烂变质的食物零容忍，顾客吃了商家的食物致病，是要按照故意杀人罪来论处的。

西瓜、辣椒、土豆这些好吃的在唐朝都吃不到，冰激凌（苏合山）倒是可以常吃。

06 这里有陷阱

数字迪士尼

提起迪士尼，我们想到的是经典的唐老鸭和米老鼠，其实看看下面的数字，我们会发现另一个迪士尼。

1. 上海迪士尼是亚洲最大的迪士尼乐园，2016 年开业，当年国庆期间门票高达 490 元人民币，是故宫门票的 8 倍多，首个财年即盈利。

2. 巴黎迪士尼开业 25 年，亏损 23 年，累计负债 22 亿美元，不愧是全球最赔钱的迪士尼乐园。

3. 全球共有 6 座迪士尼度假区，其失物招领中心每年会收到 6000 部手机、3500 台相机和 18000 顶帽子。

4. 迪士尼出品的《白雪公主与七个小矮人》是世界上第一部长篇动画，很多孩子看这部电影时都被吓坏了。因此，播放的电影厅被迫更换成了剧院的座椅。

5. 迪士尼的创始人华特·迪士尼获得了 56 个奥斯卡奖提名和 7 个艾美奖，是世界上获得奥斯卡奖最多的人。

6. 迪士尼是世界上最看重维权的公司，甚至被称为“维权狂魔”。

7. 米老鼠的形象诞生于1928年，按照当时保留56年的著作权法，米老鼠形象的版权早在1984年就失效了。但迪士尼公司的法务部直接推动美国版权法修正案，将56年的著作权期限延长为95年。

第二杯为啥半价

“单身狗”不配拥有的第二杯半价，真的是商家回馈大众吗?

一杯饮料的成本包括了房租、人工和原材料，在你买第一杯的时候，已经支付了这些费用，半价的第二杯只需要原材料的成本。对于商家来说，第二杯的边际成本微乎其微，带来的边际收益却大于边际成本，所以这种第二杯半价的策略还是有利可图的。这就是经济学中理性人考虑边际量原理。

低价团购也是同样的道理，在成本没有增加的情况下，却增加了部分收益，因此商家才敢抛出吐血价来提供团购。即使你拿着10元的电影票去看电影，他们还是稳赚不赔的。

假设一架飞机有200个座位，飞行一次的成本是20万元，每个座位的平均成本就是1000元。如果飞机在快起飞时还有10个空位，100块钱卖一张机票也是赚的，因为增加一位乘客的成本几乎是 0。这都是边际成本在起作用。

▶▶ 计划报废

疾病、衰老、死亡，是人类最大的恐惧，很多商家善于利用这一心理达到营销目的。通用汽车为了克服驾驶者的恐惧心理、提高汽车销量，发明了外观坚实、风格硬朗的越野车，让消费者觉得自己的车更霸气、强壮，但实际上，越野车的翻车概率是普通汽车的 2 倍，翻车死亡事故高达 60%。

卫生用品公司会利用偶发的健康惶恐和大范围流行病从中获利，商家利用消费者对细菌的恐惧，把普通香皂升级为抗菌香皂。实验证明，普通香皂也能洗掉 99% 的细菌，两者根本没有区别，但是香皂或清洁剂只要加上“抗菌”两个字，就特别好卖，而且价格还能提高不少。

商家还善于利用各种营销手段，最著名的就是“计划报废”，一个灯泡的生命周期是 2500 个小时，为了缩短更换灯泡的周期，商家联合起来签署协议，把灯泡的寿命降到 1000 小时。洗衣机中极易损坏的加热元件，无法更换电池的电动牙刷，以及苹果手机的电池寿命，都有内置的报废属性。

▶▶ 可乐为什么不涨价

10年里，油条从5毛涨到2元，猪肉更是涨到飞起，可乐却依然是铁打的3元。其实不是他们不想涨价，而是要防着有人来抢生意。

两大巨头可口可乐和百事可乐依靠着自动化的生产线，短时间内就能生产上万罐可乐，一瓶定价3元的可乐，最多也就挣个5毛钱，这么低的利润全靠大规模生产撑着。

如果有竞争对手想要进场，达不到这么大的规模，成本还做不到这么低，根本没钱可挣。因此这个行业有着非常高的竞争壁垒。两大巨头还经常暗地较劲，相互抢占彼此的市场，但是都不敢冒险涨价。这就是经济学中著名的古诺均衡原理。

其实，虽说价格没变，但是600毫升的直桶瓶悄悄地变成了500毫升的小蛮腰，含糖量也降低了不少，其实也是变相地涨价了。

这居然都是真的

07

你以为你知道……

《蒙娜丽莎》的秘密

《蒙娜丽莎》被偷走之前默默无闻了 400 年，直到 1911 年在卢浮宫被偷，它才变成超级巨星。每年有 600 万人来到卢浮宫一睹她的芳容，她神秘的微笑留给后人很多谜团。

蒙娜丽莎的双眼暗藏玄机，在显微镜放大 40 倍之后，她绿褐色右眼上画有“L”字样，很可能是达·芬奇名字的缩写。左眼上的字符不太明确，看起来像是字母“S”，可能代表了达·芬奇的朋友萨莱。

画家达·芬奇本人精通数学，他在这幅画中也把数学运用到极致。整幅画的构图符合 1∶0.618 黄金比例，无论从哪个角度看，都会让人产生愉悦感。

荷兰一所大学用“情感识别软件”分析出蒙娜丽莎表情成分比例为：83% 的高兴，9% 的厌恶，6% 的恐惧和 2% 的愤怒。

把画像镜像复制后拼接在一起，中线上有一个外星人的面孔，像是一位外星祭司。有人怀疑达·芬奇一定见过外星人，因为他的很多发明都太超前了。

美国画家皮奇里洛把画顺时针旋转 90 度后发现蒙娜丽莎头部背景中藏有 4 种动物，分别是狮子、猿猴、水牛和蛇。

什么是薛定谔之猫？

1935 年薛定谔提出了一个关于量子理论的理想实验。完全密闭的盒子里有一只猫，外面观察不到盒子里的任何情况。盒子里放有放射性物质，这种物质衰变释放出毒素的概率是 50%，意味着在一段时间内，这只猫有 50% 的概率被毒死，还有 50% 的机会活下来。

没有打开盒子前并不知道猫是死是活，所以猫处于生死叠加态，打开箱子的动作决定了猫的最终形态。薛定谔之猫这个理论，描述的就是从混沌的叠加状态到确定状态的过程。这个故事是把微观领域量子的不确定性拓展到宏观世界的推演。

如果还是很难理解的话，不妨试着这么去理解：你的女朋友叫你滚时，你不知道她是叫你滚，还是让你过来哄她，那么此时的你，应该处于一种又滚又哄的量子叠加态。

▶▶ 诺贝尔奖

诺贝尔奖的创始人诺贝尔是现实版的巨富“钢铁侠”，在20个国家开设了大约100家公司，临终前用巨额财产设立了诺贝尔奖。

诺贝尔奖成立时只有3100万瑞典克朗，这笔奖金已经颁发了119年，靠着炒房和股票增值了92倍。

诺贝尔经济学奖不属于诺贝尔奖，是瑞典央行为了纪念诺贝尔而设置的一个奖项，奖金由瑞典央行单独提供。

美国有381人获得诺贝尔奖，英国有132人，德国有108人。

847名诺贝尔奖获得者中，男性占比94%，这样的获奖结果显示男性在很多研究领域中占据统治优势。

诺贝尔晚宴是出了名的拥挤，获奖者可以带着亲朋好友、七大姑八大姨一起参加，但要求他们把自己打扮得像皇室成员。

居里夫人一家都是诺贝尔奖的常客，奖章还被拿来当作孩子的玩具，她的丈夫、女儿和女婿都获得过诺贝尔奖。

日本曾提出“50年30个诺贝尔奖”计划，21世纪的19年里获得了19个诺贝尔奖，平均一年一个，按照这个节奏，超额完成没啥大问题。

村上春树“陪跑”诺奖多年不算啥，法国微生物学家加斯顿·雷蒙被提名155次，但次次与诺奖擦肩而过，他才是真正的“陪跑王”。

想不到的高薪职业

西伯利亚“挖尸人”

年薪高达1000万元人民币，而且每年只需工作两个月。但他们挖的不是尸体，而是猛犸象的牙。猛犸象的遗骸大多保存在西伯利亚冻土区，挖尸人要忍受当地零下70℃的绝对低温，挖掘的隧道随时都有可能坍塌，属于高风险、高回报的职业。

阿拉斯加捕蟹人

5天可以赚70万元人民币。阿拉斯加帝王蟹生长在北极圈附近，每年10到11月是帝王蟹的集中捕捞期，同时也是北极圈风暴的高发期。捕蟹人要顶着十几米高的狂风巨浪工作，平均每7天就有1名捕蟹人丧生，工伤死亡率是普通工人的30到40倍。

程序员鼓励师

因为工作压力太大，部分程序员每天都处在崩溃的边缘，他们很需要鼓励师的帮助。好的鼓励师年薪能有50万元人民币，不过这个职业门槛也很高，不但要身材好、长相甜美，还要声音好听、会撒娇。

东京地铁推手

主要负责在拥挤的车门口把乘客推进车厢，并及时关好车门。推手们让东京高峰时段的地铁载客率达到设计容量的221%。难度很大，但年薪也很高，可达30万元人民币。

要赢得漂亮

里约奥运会上的250万个吉祥物、场馆空调、安检设备，甚至连奥运村的地铁，都是由中国制造的。

历届奥运游泳场馆的救生员，一次也没下过水，不但能获得免费的最佳观赏位，还有250美元每天的工资好拿。

地球上最快的球类运动是羽毛球，最高时速可达400千米以上，快过F1赛车。

何雪梅空翻是唯一一个真正因为难度过大被禁止的中国运动员发明的体操动作。

印度12亿人36年（1984年到2020年），只拿了1枚奥运金牌。

史上唯一一届盈利的奥运会，是1984年的洛杉矶奥运会。中国奥运第一金就在这届获得的。迄今为止，中国已拿下227枚奥运金牌。

奥运最本质的精神就是要“赢”，同时“赢得漂亮”，重在参与说的是“参与争第一”。

古代奥运会曾盛行裸体竞赛，这种风尚一直延续到古代奥运会行将结束的时候。

奥运会先后取消过马球、板球、高尔夫球、兜网球、摩托艇、墙网球、橄榄球、冰上曲棍球、冰橇、帆板等项目。

▶▶ 看看谁最毒

氰化物

杏仁口味的谋杀天王，可以让细胞的发电厂——线粒体无法使用氧气，失去活下去必需的动力。它是德国纳粹大部分高官的最爱，可以让人在几秒内挂掉，堪称闪电毒药。

砒霜

砒霜的主要成分是砷。而少量的砷元素就能让全身细胞失去

95% 以上的能量供应，并陷入严重的酸中毒，好处是可以用来对付癌细胞。

河豚毒素

干掉一个人最低只需要 0.5 毫克，最快只要 10 分钟，是一种能麻痹神经的剧毒，中毒者会因神经麻痹窒息而死，毒性比氰化物高 1250 多倍，到今天为止仍没解药。

VX 神经毒素

无色无味的油状液体，一汤匙 VX 毒素挥发在空中，附近 8 条街的人全死掉，可参见电影《勇闯夺命岛》。

鹅膏毒素

这种毒的作用是让 DNA（脱氧核糖核酸）变成废物，无法生成合成蛋白质所需的 RNA（核糖核酸）。大红色的还容易让人警觉，可惜最危险的几种反而是纯白无色的，毒发症状出现时基本没救。

钋

居里夫人用生命发现的放射性元素，钋 210 毒性比氰化物高 2.5 亿倍，0.1 克就能毒死存在过的所有人类。

H 肉毒杆菌

比一般的肉毒素毒 50 倍以上，2 纳克（一粒灰尘大小）就能把你送走。它进入神经后会搞破坏，造成神经信号无法传给肌肉，造成全身肌肉松弛瘫软。

▶▶ “开挂”的玻璃

4000 多年前，撒哈拉沙漠，天上掉陨石，产生的 1000℃高温使沙子里的二氧化硅软化后融到一块，冷却后就形成了玻璃。

只不过那时的玻璃还不透明，直到罗马人把海藻烧成灰加到玻璃溶液里，才有了水晶（透明）玻璃。再后来，德国人把玻璃吹得又薄又大，裁开再加热摊平，造出了平板玻璃，这之后玻璃就一路“开挂”，美人镜、显微镜、望远镜……

对人类社会影响最大的 20 个实验，16 个都用到了玻璃。画画也开始用透镜，照着成像描摹，个个成了大师。

对现代人更重要的是，玻璃做成的细丝，它的学名是光纤。今天我们能无处不在地刷微博、抖音等，全靠这种细丝。

真假温泉

中国有 2000 多处天然温泉，3000 多处人工钻井温泉，还有数不清的“锅炉温泉”，你泡的是哪一种?

天然温泉分两种，火山型热源和非火山型热源。前者是岩浆水把地下水加热，水冒出地面就变成了温泉。后者则是从地表往地心延伸，温度像爬楼梯一样节节升高，对地下水形成作用。

我国对温泉其实有强制性的国家标准，真正的名字叫作理疗热矿泉水，根据所含有益成分不同，分为 12 种矿泉水。这个标准一直在修订。锰、偏砷酸、偏磷酸和镭，4 种成分的对应矿泉水微量元素不是越多越好。比如锗温泉，含量过高会导致脱发。

真正符合要求的温泉是很少的，首先形成自流井比较难，其次含水层加热更难，最后满足矿化度和有益元素难上加难，因此大部分温泉都是人工的。一类是人工钻井开发热资源（等同天然温泉），另一类是锅炉烧水冒充温泉。

辨别真假温泉，有两个小方法：一是真温泉水里泡得再久手指也不会发皱，皮肤嫩滑；二是泡在真温泉中，能感觉到明显的浮力。

▶▶ 最难拿的绿卡

2004 年至 2018 年的 14 年里，中国一共发放 7356 张“绿卡”，同期美国一年发出 100 万张。美国盖普洛公司调查的 156 个国家中，有超过 700 万人想移民中国，差点赶上瑞士整个国家的人口。

2004 年，美国女科学家琼·辛顿拿到中国的第一张外国人永久居留证，她是著名小说《牛虻》作者伏尼契的孙女。

欧美国家的移民比例在 15% 左右，而中国不足 0.1%。但是如果在中国做出特殊贡献也是有机会的，篮球明星马布里曾带领北京队拿下中职篮 4 个赛季的 3 个冠军，获得在中国的永久居住权。诺贝尔化学奖得主维特里希和伯纳德·费林加两位大佬更是用实力证明，上百万在华生活的外籍人士，他们与中国“绿卡”只差一个诺贝尔奖。

2018 年中国成立移民管理局，开始适量放宽永久居住权的审核条件。

这居然都是真的

08 身体会说『不』

▶▶ 跑偏的记忆

在大家的记忆中，沉思者雕像是低着头，右手握拳托着下巴的，但现实中真正的沉思者雕像，右手并没有握着拳头，而是手背顶着下巴。很多人认为曼德拉是一位距今很久远的领袖，应该早在20世纪80年代就已作古，但是实际上他2013年才去世，这种集体记忆错乱被认为是“曼德拉效应”。

难道我们真的被集体篡改了记忆?

记忆形成就像是开通一个手机号，话费是电信号和蛋白质。在记忆生成早期，电信号和蛋白质都很充足，话费充足、通话顺畅。如果长时间没有重新回忆，记忆蛋白含量会下降，话费一直被扣，最后清零，就会忘记。这就是记忆消退假说。

记忆消退过程中收到的信息，也会对你进行干扰。比如做菜时忘记放盐，把菜放回锅里加盐后又不记得有没有关煤气。忘记放盐是旧记忆对新记忆产生干扰，让你误以为已经做过了，这是信息的顺向干扰。忘记关煤气是新记忆对旧记忆产生干扰，旧记忆被重新覆盖，这是信息的逆向干扰。

人脑的整体永远优于部分。比如这句话：“就算我按不序顺话说你能看也懂。”因为你本来就是挑着看，在用大脑里形成的固定搭配模式填补。这就是著名的格式塔心理学。

▶▶ 人体漏洞

“扣人心弦”的喉返神经

喉返神经的作用主要是控制咽喉运动，它从脑干伸出来，放着直达咽喉的近路不走，偏偏绕了个大弯，经过心脏，绕过主动脉再折返回来。多亏人类脖子不长，长颈鹿喉返神经足足有 4 米多长。

“被贴”的眼睛

视网膜是我们视觉形成的基础，由感光细胞、双极细胞和神经节细胞 3 层组成。感光细胞负责把光转化为电信号，双极细胞、神经节细胞把电信号传给大脑成像。本该打头阵的感光细胞却躲在最后，当光线进入瞳孔时，要先经过神经节细胞和双极细胞，最后才能到达感光细胞。这些“挡”在感光结构前的细胞不仅会折射光线，使感光细胞成像质量下降，影响视力，还得穿过眼球再传回大脑，而在此处感光细胞是没有落脚之地的，人眼这块就出现了视力盲点，好在大脑会脑补。不过因为被“贴反”的感光细胞和眼球壁关系不够亲密，它俩一言不合就玩脱落。

直立行走的代价

长颈鹿一出生就可以站起来，数小时后就能活蹦乱跳。大猩猩两个月大，就懂得自己动手丰衣足食。但为什么人类的新生儿，却是连头都支撑不起来的“弱鸡”？

为了满足直立行走，人类的骨盆和产道相应地变窄，直接加剧了女性的生育困难。由于大脑的进化，脑容量也越来越大，人类成了灵长类动物中最难生产的一种。为了避免窄骨盆与大脑袋的冲突，人类在进化的过程中让婴儿在子宫内的时间缩短，胎儿较早脱离母体，以便有效避免难产。

因此，人类需要抚养婴儿到 1 岁左右，发育程度才能与刚出生的黑猩猩相近，毫不客气地说，所有的人类都是“早产儿”。

痔疮也是人类独有的硬伤，痔疮就是“菊部地区”的静脉扩张。直立行走后，菊部地区的血管长期与重力作斗争，变得更容易松弛、扩张，屁股承受了更多来自上方的压力，这里的血液循环很容易受阻，形成静脉团。整个地球上，也只有人类容易长痔疮。

09 科学狂人

牛人特斯拉

尼古拉·特斯拉出生于奥地利一个农村家庭，大学时学习物理、数学和机械，第二年就因交不起学费而退学，只能旁听自学。但谁也没想到，就是这样一个可怜巴巴的旁听生，后来成了那个“照亮世界”的人。

特斯拉高中时就会在脑子里进行积分运算，后来搞发明也是先在脑子里全跑一遍，跑通了再去实践。大名鼎鼎的爱迪生曾答应给特斯拉 5 万美元，让他改进电机。特斯拉每天只睡 4 小时，努力工作，成功后去要酬劳，没想到爱迪生却笑着说这叫美式幽默。

这样一来，到底是爱迪生还是特斯拉发明了交流电，就成了一桩公案。直到 1893 年第一届亮起电灯的世博会上，众人才公认特斯拉发明了交流电。滑稽的是，后来为了给特斯拉迟到的肯定，美国电气协会给他颁了一个最高奖章：爱迪生奖章。

特斯拉因为执迷于无线电传输，被另一个商界大佬（J.P.摩根）撤资过。摩根还把他关于无线电报的专利给了一个意大利人，因此后来的教科书上都这么写：第一个发明电报的人是马可尼。实际上，真正的无线电电报发明者是特斯拉。

晚年特斯拉一贫如洗，只跟鸽子做朋友。他本来能成为最富的人，交流电的专利本可以为他带来大量财富，但他撕掉了这个专利，还把其他钱投入到更多的发明中。他说："钱对我不像对其他人那般重要，我挣的钱都花在了发明中，为了让人们的生活更舒适一点。"

除此之外，据说特斯拉还设想过水力发电计划，无线遥控技术，甚至还设想过电话技术、互联网技术……可惜无人理解他过于天才的想法。特斯拉说他给摩根先生看过未来世界的样子，"他（摩根）却让我等他准备好，我一直在等。"

为了尽快结束战争，特斯拉甚至还提出过闪电风暴、死光武器等设想，但当时有个更猛的人说我们应该搞原子弹，于是世界就有了原子弹。这个猛人就是著名的爱因斯坦。

▶▶ 在家的牛顿

1665 年伦敦爆发特大鼠疫，各大学校不开学，牛顿回老家蹲了 18 个月，给微积分、万有引力、光学全部开了个头，时年 22 岁。这就让人禁不住联想，要是没有鼠疫，要是学校不放假，牛顿会在学校做什么？

牛顿 26 岁当上剑桥卢卡斯数学教授，这个席位同一时期只授予一人。提出著名黑洞理论的当代物理学家霍金是第 17 任剑桥卢卡斯数学教授。

牛顿晚年通过复杂的公式，计算过世界末日是 2060 年，他甚至大半生都在研究炼金术。唯独对女人不感兴趣，终身未婚。牛顿似乎对自己的容貌比较自恋，他请人给自己画过至少 14 幅肖像，相当得意。2007 年，天津大学从剑桥移植了一棵牛顿苹果树，据说长得还不错。

年过半百后，为了多挣点钱，牛顿又去国家铸币厂当了一把手，英国的金本位货币体系就是牛顿在任期间提出并确定的。这人似乎干什么都行。

但他曾在最高点冲进过股市，一举亏掉了 26 年的工资（约 13000 英镑），最后不得不感慨："我可以计算出天体运行的轨迹，却计算不出人性的疯狂。"

▶▶ 爱因斯坦奇迹

爱因斯坦像个万花筒，只要你摇一摇再看，总能发现新的有意思的东西。

你一定听说过爱因斯坦数学不好，因为他只考了 1 分，但在德国 1 分就是满分。

爱因斯坦提出相对论时只有 25 岁，因为太深奥，诺贝尔奖的评委看不懂，所以把奖颁给了他的光电效应。他的相对论太超前，多年后才被人理解。他的引力波预言，则直到 2016 年才被证实。

在普林斯顿大学当教授时，爱因斯坦原本想要 3000 美元的年薪，校长断然拒绝，最后给他的年薪是 1.7 万美元。

1905 年是“爱因斯坦奇迹年”，爱因斯坦 3 月提出光量子假说，4 月向苏黎世大学提出《分子大小的新测定法》，5 月完成论文《论动体的电动力学》，独立而完整地提出狭义相对论原理，顺手还把牛顿的经典力学拉下了神坛。

爱因斯坦死后，大脑被哈维偷走并切成 240 块，研究了 43 年，却只发现爱因斯坦的大脑比普通人大脑轻 170 克。

男人一般被认为都是“大猪蹄子”，爱因斯坦也不例外，曾瞒着老婆给情人写过火辣的情书，后来却发现那个情人是个特务。

爱因斯坦曾经环游世界，最难忘的地方是中国上海，他在日记中这样写道：“没有一个中国人在码头迎接我。”

爱因斯坦乱糟糟的头发并不是因为邋遢，而是因为他得了一种罕见疾病——蓬发综合征。这种病，全世界仅有 100 例。

作为科学家，爱因斯坦其实很少去实验室，他的大部分科研成果都源于在家冥想，以及偶尔在纸上写写画画。

爱因斯坦去世后留下 7 个预言，如今留待验证的还有 3 个：

人类可以通过虫洞穿越时空；如果蜜蜂从世界上消失，人类也只能再活 4 年；第三次世界大战，人类会经历核战争。

爱因斯坦的心愿是世界和平，却为核弹的制造提供了理论基础（$E=mc^2$），但当时，他就担心人类控制不了这个恶魔。

据说爱因斯坦病危时曾留遗言，但因为护士听不懂德语，所以谁也不知道他最后说了什么。

▶▶ 鼻子没长好的“吃货”

据说达尔文吃过自己发现的每一种动物，为了满足日益增长的胃口，达尔文不惜花费重金，登上小猎犬号，开始了环球觅食之旅。

剑桥时期，达尔文成立了贪吃俱乐部，成员每周都会相互交流吃到的新奇动物。

达尔文还是办公椅的发明者，本着“能坐着就别站着”的精神，他又在办公椅上装了轮子。

被爱情冲昏了头脑的达尔文，一意孤行迎娶了自己的表姐，结果生了 10 个孩子，其中 3 个夭折。

达尔文家族有 10 个人是英国皇家院士，这个荣誉被认为仅次于获得诺贝尔奖。

因为“鼻子没长好”，达尔文差点没登上环球考察的船，因为船长从他的鼻子和长相判定他是个懒散的人，这个形象和他心中的皇家院士不太能对得上。

作为剑桥大学神学专业的高材毕业生，不可思议的是，达尔文一生都没有信仰过基督教。

你不知道达尔文的家底有多厚？他的外祖父是骨瓷餐具 wedgwood 的创始人，英国皇家的御用瓷器曾作为贺礼被送给乾隆皇帝，这意味着在当时一套餐具轻松过万英镑。

达尔文的大著《物种起源》第一版印刷了 1000 多册，当天就卖光，绝对的畅销书。显然，这书给生物学和进化论的流行起了个好头。

达尔文的外祖父韦奇伍德还是温度计的发明者，他因此于 1783 年当选为英国皇家学会成员。

▶▶ 你可能没见过真正的居里夫人

人人都看过的“居里夫人”的照片其实是假的，这张照片拍摄于 2001 年，只是一张宣传照。

一家都是诺贝尔奖获得者，居里夫人是第一个两次获得诺贝尔奖的人，她丈夫皮埃尔拿了诺贝尔物理学奖，大女儿和女婿拿下诺贝尔化学奖，小女婿获得诺贝尔和平奖。

我们听说居里夫人和学生朗之万谈恋爱，闹了很多绯闻，但其实主要是法国右翼媒体在诽谤造谣，因为他们不想让居里夫人当选法国科学院院士。

居里夫妇从几十吨矿石残渣里提取出 0.1 克的镭，镭可以发出超强 γ 射线，能够有效破坏癌细胞的遗传物质，这种治疗方法也就是我们常说的“放疗”（放射性治疗），能治疗 70% 的癌症。

当时的社会虽然知道镭蕴含巨大能量，但对它的危害却一无所知，甚至还掀起一阵“镭狂热”，把放射性镭水当神水喝，死后只能被放在铅棺材里。居里夫人也不例外。

居里夫人发现的钋也是一种放射性很强的元素，与同等重量的氰化物相比，它的毒性要强 2.5 亿倍，0.1 克就能毒死存在过的所有人类。她的女儿伊雷娜就是在一次钋实验泄露中被感染的。

战争期间，居里夫人制作了 20 辆装备 X 射线检测设备的“辐射车”，为士兵检查残留在身体里的弹片，救助了上百万法国士兵。

居里夫人的手稿现在仍带有很强的辐射，参观时必须签署免责同意书，穿上防护服。她的故居也被称为毒性最大的地方。

▶▶ 霍金为啥没能拿诺奖

霍金的三大爱好：物理、打赌、轧人脚。关于黑洞问题，科学家们打了 4 次赌，霍金参与了 3 次，全输。

霍金第一次来访中国期间，曾“威胁”中国同行，如果不带他爬长城就自杀。

影视演员霍金在《辛普森一家》里亲自为自己配音（第 10 至 22 季），在《星际迷航》中，他和“牛顿”“爱因斯坦”在宇宙飞船里打牌。

《时间简史》虽然被翻译成 40 多种语言，出版 1000 多万册，但是书中内容艰涩难懂，绝对的“读不来的畅销书”。

霍金获得超过 13 项奖项，没有一座诺贝尔奖。但他拿的尤里物理学奖，奖金是诺贝尔奖的 2.5 倍。

霍金证明了广义相对论的奇性定理，提出黑洞蒸发理论和无边界的霍金宇宙模型，但是因为“黑洞理论”还停留在理论阶段，所以没有获得诺贝尔奖。

霍金的轮椅最初只是代步工具，但是在语音合成器、万能遥控器、红外光眼镜多功能感应等“黑科技”的加持下，已经成为名副其实的人工智能设备。

他的电脑更是神奇，他在电脑前的一切操作仅由一块面部肌肉完成。这台电脑现已被英国皇家博物馆收藏。

▶▶ 怕黑的爱迪生

电灯其实并不是爱迪生的发明，他只是从两名电气师手里买下专利，并用碳化竹丝改良灯泡，把灯泡的寿命延长到1200个小时。

据说爱迪生曾用交流电公开处决大象，电死小猫小狗，甚至还发明电椅来处决犯人。

教科书上爱迪生7岁救妈妈的故事久有争议，医学史上第一例阑尾炎手术是在1886年，而这时的爱迪生已经是40岁的大叔了。

1889年发明“电影视镜”摄影机后，为了独占发明权，爱迪生聘请律师起诉拍电影的人，很多公司为了躲避他，被迫跑到洛杉矶去拍电影，这样才成就了现在的好莱坞。

爱迪生有个超级粉丝摩根，不仅送他豪宅，出钱出力推广他的直流电，顺便还把他包装成天才发明家。但摩根脱粉后，直接并购爱迪生的公司，成立了现在的通用电气。

爱迪生改良灯泡做了几千次实验，实验笔记写了200多本。他的死对头特斯拉后来说，稍微懂点数学和物理就能算出来，根本不需要这么多实验。

爱迪生有1093项发明专利，很大一部分都是手下员工发明的，只是知识产权在他手里。

爱迪生是第一个通过建立发电机和发电系统把电灯商业化的

人，1931 年爱迪生去世，美国为悼念他全国停电 1 分钟。

超前者

达 · 芬奇

达·芬奇大概是头衔最多的一位古代大师，画家、作家、发明家、哲学家、音乐家、医学家、雕塑家、生物学家、地理学家、建筑学家、军事学家，并且在不同的领域都做到了精通。

他是局部解剖图的开创宗师，并勇于实践，30 年解剖了 30 具人体，还画出了人体骨骼图形。而现代飞机、汽车、大炮这些发明都和他有关。他的手稿中还绘制了世界上第一款人形机器人。更厉害的是，他还提出了地球不是太阳系的中心，月球并不会发光的理论，比哥白尼早了 40 年。

尼古拉 · 特斯拉

他也是一位天才，拥有 1000 多项发明专利，交流电、无线电、遥控机器人等。并且，特斯拉的发明十分超前，甚至还提出互联网、移动电话等概念。

10

文艺怪咖

▶▶ 多面莎士比亚

莎士比亚最喜欢的单词是love，他的作品中一共出现了2191次。

莎士比亚一生写了154首十四行诗，其中126首都是献给一个年轻贵族男子的。

莎士比亚真正红得发紫是在他死后的200年，活着的时候，莎士比亚的名声还比不上自家演员。

他不仅写过《罗密欧与朱丽叶》这样的经典大作，为了迎合观众，也编排过低级幽默和血腥至极的戏剧，而且说起荤段子来面不改色。

莎士比亚创造了3000多个英语单词和短语，如大摇大摆、无望的追求、小猫咪等，却经常写不对自己的名字。

莎士比亚的墓志铭的最后一句是一个诅咒："不妨碍我安息的人将受到保护，移动我尸骨的人将受到诅咒。"

莎翁作品中，台词最多的人物是哈姆雷特，共有1506句台词。

莎士比亚有80种不同的签名姿势，拼写方法各种各样，真迹签名高达500万美元。

莎翁是享誉世界的剧作家、大文豪，但妻子和子女都是文盲。

莎士比亚环球大剧院也上演逗熊游戏。

“莎士比亚”这个中文译名是由梁启超定名的。此前，莎士比亚的译名很多，如“索斯比亚”“沙斯皮尔”等。

▶▶ 怪诞天才毕加索

世界最贵的10幅画，毕加索占了4幅，《阿尔及尔的女人》拍了11亿元人民币，刷新了艺术品拍卖成交价最高纪录。

毕加索是第一个活着看见自己的作品被收藏进卢浮宫的画家，个人资产位居全球艺术家首位。

毕加索是最高产的画家之一，生前共有37000件作品问世，死后还留下7万多幅画作，遗产总值达到约395亿元人民币。

毕加索拥有两位妻子和数不清的情人，情感是他重要的灵感来源。但与他相关的女人，结局大多比较悲惨，被抛弃、自杀等。

毕加索是自我营销大师，不出名的时候经常雇佣学生去画店假装购买自己的画，还善于通过讲故事抬高自己的身价。

毕加索和齐白石相差17岁，模仿过上百幅齐白石的水墨画。

他 14 岁时就能画得像拉斐尔一样好，但用了一生的时间去学习像孩子一样画画。

▶▶ 卓别林在流浪

卓别林 30 岁时就成了百万富翁，但是仍然艰苦朴素，一件衬衫穿到烂才肯换掉，据说曾酸臭到引起女演员的抗议。

希特勒竟然是卓别林的影迷，还特意留了“爱豆”同款胡子，不过卓别林却公开表示很嫌弃。因此，卓别林虽不是犹太人，却被希特勒记进了死亡小本本。

卓别林曾去参加模仿自己的比赛，结果只得了第三名。

《城市之光》中，“Flower, sir？”这句台词足足拍了 342 遍，因为更换演员，不惜报废几万米胶片，最终影片耗费胶片 25 万余米，回报却超出投资的 3 倍。

卓别林还经历过“喜当爹”，前女友生下一个女儿，尽管亲子验血证实卓别林并不是父亲，但他依然要支付抚养费，幸运的是他的案子直接推动了亲子鉴定的立法。

1972 年，卓别林在美国获得奥斯卡终身成就奖，颁奖典礼上，他获得了 12 分钟的起立鼓掌，这是奥斯卡历史上最长的祝贺。有意思的是，在此之前，他被美国驱逐了 20 年。

晚年，卓别林一直担心有人要暗杀他，很少在公共场合露面，甚至拒绝在好莱坞星光大道上拍照。不过，虽然生前他最担心的事情一直没发生，但死后不到两个月，遗体就被盗走。

▶▶ 李白的钱从哪来

李白一生放荡不羁，爱自由，除了写诗就是游山玩水。作为资深旅游达人，横跨 18 个省，攀登 80 多座山，游览过 60 多条江河川溪，足迹遍布大半个中国。可是李白这样一个无业游民，他浪迹天涯的钱到底是哪里来的呢？

“家里有矿”

李白作为一名“富二代”，家底非常丰厚。他爹是当时贩运盐铁的商人，还有两个兄弟在巴蜀倒买倒卖，生意红火得不行，可以说是富甲一方。24 岁的李白仗剑出蜀，身上带着 30 余万金（相当于现在的 70 万元人民币），不到一年就败光，家底可想而知。

“土豪朋友”

李白的道友元丹丘是位很富裕的道士，在河南嵩山有不少产业，不仅邀请李白一起修道，还包吃包住。另一位重量级好友是贺知章，经常请李白喝酒吃饭，一次两人喝酒没带钱，贺知章直接掏出腰间的金龟饰品当酒钱。

还有唐朝名将郭子仪、宰相李林甫的女儿李腾空、日本僧人晁衡等人，都在经济和政治上支持过李白。

“啃老丈人”

李白的婚姻很不简单，两次都是倒插门。

第一任老婆许氏大有来头，祖父是唐高宗时宰相许圉师，家世自然是不差。这段婚姻李白看重的是入赘后的政治资源，想要借此在政坛大展拳脚，只可惜许氏去世太早。

他的第二任妻子宗氏是唐高宗时宰相宗楚客的孙女，来头也不小，他俩的结合，还诞生了一个“千金买壁”的故事。这位宗氏很大程度上接济了晚年穷困的李白。

“粉丝打赏”

如果唐朝有个《诗人101》，那李白绝对“C位”出道，“顶流爱豆”，粉丝自然也少不了。最大的“粉头”数魏万，他跟着李白的行程，从河南再到山东，从山东又到江苏，一路上跑了3000多里，粉丝单独见面后，魏万还准备了不少特别的礼物。

另一位李白的铁粉是汪伦，不仅想方设法邀请李白白吃白住，分别时还送了名马八匹、十缎官锦，李白大受感动，回赠一首《赠汪伦》。

▶▶ 高龄“北漂”齐白石

齐白石很小气，吃螃蟹之前必须要数清楚，因为怕保姆偷吃，就连招待黄永玉的点心都是长了毛的，柴米油盐全部锁起来。

齐白石工作经验很丰富，14岁做木匠，25岁兼职卖画，32岁开始学刻印，40岁时开始周游全国，53岁抛家舍业开始“北漂”。

齐白石最出名的是画虾，卖得最贵的却是蝉，一幅只画了一只蝉的画卖8亿元。

齐白石 57 岁到 83 岁之间生了 7 个孩子，83 岁迎娶 22 岁小娇妻，93 岁还吵着要续弦，不过在结婚前去世了。

齐白石画了一幅只有屁股没有头的牛的画，卖了 2000 万元。

晚年的齐白石把所有的钱换成 60 根金条，终年随身带。

毕加索模仿过多幅齐白石的画，并说“我不敢去你们中国，因为中国有个齐白石”。

理财理破产的马克·吐温

马克·吐温是少有的通过投资理财成功把自己搞破产的人。他投资过自动打字机项目，办过出版公司，结果 16 年亏了 30 万美元（相当于现在 900 万美元），不得已，只好靠全球巡演和写作还债，并发誓“永远不在新奇玩意儿上浪费钱”，结果错过了贝尔的电话机。

他的炒股经常“抄在山顶上”，78 美元每股买入勒冈铁路公司的股票，然后在 12 美元每股的低点抛出，最后还出书表示：“10 月，这是炒股最危险的月份；其他危险的月份有 7 月、1 月、9 月、4 月、11 月、5 月、3 月、6 月、12 月、8 月和 2 月。”

因为投资认识了好朋友特斯拉，世界上的第一张 X 光片就是特斯拉给马克·吐温拍的。

马克·吐温是彻彻底底的“猫奴”，一共养过19只猫，给“主子”起的名字很有想象力，比如魔鬼、失乐园中的堕落天使、吹牛大王等，出门度假还会想方设法租别人家的猫。

据传马克·吐温说过许多名言，其中有些不一定是他说的，但“如果拿不准一句名言是谁说的，就说是马克·吐温说的”，这句却真的是他说的。

马克·吐温不仅是文豪，还是女性内衣背扣的发明者，不会设计的作家不是好的发明家。对了，便利贴也是他的专利。

愚人节的报纸恶作剧刊登了马克·吐温去世的消息，他的朋友打电话询问真假，他幽默地回答：“这是真的，就是时间不太准确，稍微提前了一点。”

▶▶ 磨人的宫崎骏

在《鬼灭之刃》上映前，《千与千寻》一直保持着日本本土票房冠军，其实这部电影的创作灵感来自夜店。

电影《龙猫》的票房非常惨淡，吉卜力工作室赔了个底朝天，好在龙猫公仔争气，龙猫形象在中国的授权价高达10亿日元，创下虚拟动漫形象在华授权全新纪录。

宫崎骏的初恋情人是“白娘子”，为了初恋立志做一名动漫师。

《风之谷》上映后，他最想拜访的是上海美术电影制片厂。

日剧《legal high》（胜利即是正义）里的员工因长期忍受老板辱骂和超负荷的工作，导致自己精神失常，最后把老板告上法庭。这个老板的原型就是宫崎骏。

宫崎骏最中意的接班人是近藤喜文，但后者却因为过分沉迷于工作，积劳成疾，47 岁时倒在桌前，再也没有起来。

宫崎骏最满意的作品是《哈尔的移动城堡》，哈尔的配音是木村拓哉，因为木村是他心中最完美的哈尔。

宫崎骏的八次隐退，成为动画圈最大的幽默，几乎所有的动画作品都伴随着他一次又一次的隐退和复出。

妇女之友王尔德

都柏林人王尔德大概是 19 世纪英国最受女性欢迎的男人。

作为当时最著名的作家之一，王尔德既写剧作、小说，也写诗歌、童话，是名副其实的多面手。而作为当时名流，更没有谁像他那样集才华、美貌及颓废的浪漫气质于一身。

“年轻的时候我以为钱就是一切，老了才知道，确实如此。”王尔德的金句语录可以出一本段子手教科书。

王尔德到美国作演讲，入关时傲娇地对海关说：“我没有什么可申报的，除了我的才华。”这话大概只有他才能面不改色地说出来，并且被人认真对待。

他不仅在当时是著名的妇女之友，死后还吸引着大批为他倾心的女性。他的墓碑上印满了数不清的唇印，擦都擦不掉。他说：“女人是用来爱的，而不是用来被理解的。”经典至极，令人尖叫。

Google为了纪念他，专门推出“王尔德坟头定位服务”，如此郑重其事，就是为方便他的粉丝“到此一游”。

他是当之无愧的花花公子领头人物。他曾因事入狱，出狱前最担心的事竟然是打扮不够时尚，甚至说没有好看的衣服就不出狱。

▶▶ 漫威

迈克尔·杰克逊曾想买下漫威漫画，因为他想自己扮演蜘蛛侠。

在漫威的一个平行宇宙中，钢铁侠和美国队长结婚了。《黑暗王朝－神奇四侠》漫画中，钢铁侠是一名叫娜塔莎·史塔克的女性，为了避免复仇者联盟发生内战，她和美国队长史蒂夫·罗杰斯喜结连理。

洛基比他的哥哥雷神“诞生”得还要早，洛基首次出场是在

1949 年出版的漫画《维纳斯》中，比雷神索尔早了 13 年。

达·芬奇、伽利略和张衡都是漫威神盾局的成员。《神盾局：圣盾传奇》漫画讲述了古代科学家保护地球的故事，成员有达·芬奇、伽利略、牛顿，以及中国东汉著名天文学家、地理学家张衡。

漫威曾经穷到差点破产，靠出卖超级英雄的版权以换取资金，包括蜘蛛侠、X 战警、神奇四侠等。

斯坦·李不但是漫威之父，还是资深龙套。他从 1989 年到 2018 年几乎客串了漫威大半的电影，彩蛋一般的存在，给影迷带来了很多惊喜。

虽然漫威凭借漫画改编电影圈了很多粉，但 DC 漫画公司才是美国最大、最古老的漫画公司。

漫威被迪士尼收购之后，迪士尼市值从 500 亿美元涨到 1695 亿美元。

参演过漫威宇宙中角色的演员，不能担任 DC 宇宙中的任何角色，即使是超级英雄，也照样得签竞业协议。

漫威一共出品了 8000 多个英雄，根据漫威官网 2018 年的数据显示，蜘蛛侠一直都在人气榜榜首。

斯坦·李一人创造了漫威 80% 的角色，19 岁就完成了《美国队长》的创作。他还是李小龙的超级影迷，以李小龙为原型创造了“铁拳侠”“尚气”等英雄。

漫威是全球吸金能力最强的影业公司，自 2008 年《钢铁侠》上映以来，23 部电影席卷全球 225 亿美元的票房，给漫威做特效的公司都要上市了，年收入 21 亿美元。

美猴王（Monkey King）是漫威根据孙悟空改编的超级英雄，拥有超级力量，可以七十二变。但这个美猴王却长着一条长辫子，十分违和。

11 商业奇才

▶▶ Gucci 历险记

“我宁愿坐在宝马车里哭，也不愿坐在自行车上笑。”

这句话的原创者其实是 Gucci 家族的帕特里夏。帕特里夏曾是 Gucci 家族第三代掌门人莫里吉奥的前妻，她因为不甘心和多金的丈夫离婚，1995 年花 150 万美元雇凶枪杀了自己的前夫。据说她戴的手铐价值 40 万美元，大概就是为了嘲讽她的狠辣。

按说家大业大的 Gucci 事业怎么也传不到他俩手中，莫里吉奥的大伯奥尔多一家非常能干，Gucci 在他的管理下才有了多家分店。无数豪门贵族和明星大腕争相购买，但是奥尔多并不擅长处理自己的家庭关系，81 岁时被儿子亲手送进监狱。

如此一来，这对“废物夫妻”才有机会接过 Gucci 这块香饽饽。可惜他们干啥啥不行，特别是拜金女帕特里夏，生活极度奢侈——名车、豪宅、游艇、私人飞机，有钱人的日常项目一个也不落。Gucci 在他俩的“英勇”领导下，年年入不敷出，仅仅 6 年时间，他俩就把老父亲留下的 2 亿美元遗产败光。

这还不够，没钱花的莫里吉奥在1989年把手里50%的股份卖给巴林基金，成功套现1.2亿美元。这个莫里吉奥除了会花钱，似乎真没什么经商头脑。他管理的Gucci各种逃税漏税官司不断，1993年Gucci全年亏损3亿多美元，被花旗银行、意大利银行、瑞士银行联手逼债。他的各种决策失误，把Gucci推到破产的边缘。

中东大财主巴林基金实在是看不下去，不仅买下Gucci所有的股份，还把莫里吉奥赶出董事会，自此这个品牌和Gucci家族再也没有任何关系。在新创意总监汤姆·福特的带领下，Gucci重新成为奢华、性感和挑衅的代名词。他设计的一款绿色绸缎衬衣受到麦当娜的认可，并穿着它登上了MTV音乐大奖的领奖台。在天后的带领下，欧美明星、名流都成为Gucci时装发布会的座上宾。

重新起飞的Gucci又被LVMH的阿尔诺盯上，阿尔诺先是偷偷收购小股东的股份，Gucci还没反应过来就已经失去了1/3的股份。此时Gucci的CEO是法律出身的索尔，他判断LVMH并没有足够的资金拿下Gucci，于是反客为主，主动邀请LVMH收购Gucci的全部股份。但LVMH只想用最低的投入控制Gucci，短时间根本筹集不到这么多资金，他们最擅长的手段是低价收购部分股权，进驻董事会进而控制整个公司。毫无疑问，LVMH拒绝了这个邀约。

Gucci 管理层由此触发反恶意收购机制来对抗 LVMH，这还是巴林基金套现走人之前设置的一个保护机制，就是在遭受恶意收购时，管理层可以向股东发行新股。Gucci 当下就发行了和 LVMH 收购股票相等数量的新股，LVMH 手中 34.4% 的股份被稀释到 20%，第一大股东又变成了管理层，LVMH 的 14 亿美元算是扑了空，双方由此进入了漫长的法律诉讼。

LVMH 当时的打算是既然得不到你，我就耗死你。LVMH 财大气粗自然不怕，耗不起的 Gucci 转头就抱上开云集团的大腿（前身 PPR）。Gucci 用 42% 的股份换了开云集团 30 亿美元的“彩礼”，成功“嫁入豪门”。LVMH 只能把开云集团一起追加起诉，官司一直打到荷兰法院，但是人家的反收购机制是正儿八经的法律手段，LVMH 到哪都告不赢，最后三方达成一致，开云集团全数收购 LVMH 所持 Gucci 的股份，最终 Gucci 和 LVMH 谁都没有赢，却让开云集团完胜收场。

▶▶ 被休的张幼仪

徐志摩为了追求林徽因，不惜让怀孕的张幼仪堕胎。她生下孩子的第一个月，就收到徐志摩的离婚协议。

离婚后的张幼仪在德国读了3年幼儿教育，归国后在东吴大学（苏州大学前身）教德语。

徐志摩的父亲把离异的张幼仪认作义女，并让她继续打理徐家的生意，还把1/3的家产留给张幼仪母子。

中国首家女子时装店（云裳时装公司）是由唐瑛、陆小曼和徐志摩等人出资创办，张幼仪只是后期“接盘”，而且接手没多久就关门大吉。

张幼仪在金融界混得风生水起，出任上海女子商业银行副总经理，她接手的次年银行便转亏为盈。不过中国第一个女银行家并不是她，而是严叔和。

徐志摩去世后，张幼仪不仅奉养他的父母，每月还给陆小曼寄300元钱（相当于如今的45000元人民币）作为生活费。

抗战前期，张幼仪囤积军用涂料、棉花、黄金等物，发了一笔国难财，这成了她为人诟病的污点。

“白月光”纪梵希

纪梵希爱慕赫本一生未娶是假的。

纪梵希是典型的明明可以靠颜值偏偏要靠才华的富二代，25岁就创立了自己的同名品牌纪梵希。

让奥黛丽·赫本大火的套装（《龙凤配》中的那套）并不是伊迪丝·海德设计的，真正的设计师是纪梵希，但是直到海德去世，纪梵希才承认。

纪梵希的第一支香水“禁忌”，是为赫本量身打造的，因为赫本的一句玩笑话，这款香水被禁售3年，所以上市前3年只供赫本一人使用。

他的粉丝来头都特别大，上至80岁的温莎公爵夫人，下到8岁的摩洛哥小公主，就连肯尼迪夫人的丧服也找他定做。

纪梵希是第一个推出成衣线的设计师，即上衣和下装可以自由搭配的“非配套女装”，让所有女性都可以穿出自己的风格，打破了香奈儿套装的垄断地位。

纪梵希和迪奥是同门师兄弟，巧的是，他俩的公司最后都被LVMH收购。

▶▶ “坏小孩”麦昆

让Lady Gaga“爱不释脚”的犰狳鞋，设计师就是麦昆。

麦昆从小就非常叛逆，16 岁在裁缝店当学徒，竟然在威尔士亲王的外套夹层里绣上“麦昆到此一游”的字样。

他没有念过大学，直接去圣马丁艺术学院读了硕士，成为“海盗爷”约翰·加里亚诺的师弟。

麦昆用毕业作品狠狠“敲诈”了“帽子女王”伊莎贝拉一笔，伊莎贝拉很欣赏麦昆，她去世后，麦昆穿着苏格兰裙子哭得像个孩子。

麦昆为了钱才在纪梵希当了 5 年设计师。他实在太穷了，购买布料都得用失业救济金，还经常去父母家蹭吃蹭喝。

他设计的露臀裤风靡时尚圈，也让他变成“Bad Boy”，但他说，他设计的所有衣服只是想让女生看起来更强大而已。

麦昆从来都没有想过要制造潮流，但是他的骷髅头围巾却成了爆款，但凡有点名气的明星、模特都会戴它拗造型。

麦昆的每一场秀都是行为艺术，用假肢模特为自己的大秀开场，把完成一半的压轴作品搬上舞台，让机器人现场向模特喷墨完成。

他曾不顾一切地减肥，切胃、抽脂全都尝试过，努力让自己的外形符合名人的身份，但同时又表现得对外界和媒体毫不在意。

“钢铁侠”马斯克

钢铁侠是家喻户晓的超级英雄，而现实中竟然有一个真实版的超级英雄。

马斯克12岁就开发了一款电子游戏，以500美元的价格卖给一家杂志，赚到人生第一桶金。24岁进入斯坦福大学读博士，两天后退学创办Zip2公司，4年后被康柏公司收购，他自己净赚2200万美元。随后又开发一款移动支付软件PayPal，以15亿美元的价格卖给eBay，这一年他才31岁。2002年马斯克成立Space X，要把太空飞船发射升空成本降低100倍，并计划在2050年把100万人送上火星生活。但是Space X的第一枚火箭前三次发射都失败了，数千万美元的投入化为灰烬。

就在连他的偶像阿姆斯特朗也不看好他的时候，幸运女神最终还是眷顾了他，第四次火箭发射成功，成本一下节省了75%。载人航天是目前航天领域最难的任务之一，在此之前只有俄罗斯、美国、中国等大国拥有这项技术，且都是以举国之力推动的。马斯克的载人飞船发射成功，成为全球第一次由私营公司实现的商业载人航天行动。

马斯克称20年后去往火星的船票，只需要50万美元。

如果一个人把吹过的牛实现了八九成，那就不能算是吹牛。

马斯克正在把他吹过的牛一一实现。

“海盗爷”加利亚诺

“海盗爷”才是真正的时间管理大师，大学期间除了要泡图书馆，还在老裁缝汤米纳特手下当学徒。国家剧院的服装小工也需要他，晚上还要安排泡吧、蹦迪。

以法国大革命为灵感的毕业设计作品被时尚巨头 Browns 买下，和古驰、华伦天奴等一线奢侈品同台售卖，“海盗爷”就此出圈，成立同名品牌。

阿曼达·哈莱克（“老佛爷”卡尔·格拉斐的助手）辞掉帕莎的工作，不要薪水也要为加里亚诺干活，他的第一个用户是歌手戴安娜·罗斯。

加里亚诺因为几件“公主裙”（“卢克丽霞公主”春夏系列）成功结识奢侈品大老板阿尔诺，并出任纪梵希首席设计师。

他在纪梵希的首秀上和老佛爷怄气，愣是把大秀延迟 1 个小时，原因是老佛爷迟到 45 分钟，不过 15 个月后，他就和纪梵希闪电分手。

只要给他一个支点，他就能颠覆所有庸俗。他是除了迪奥先生之外，真正能把迪奥革新又让时装界认同的人。把古典时尚的精华戏剧化地融入现代元素，才成就了迪奥的黄金时代。

他随手设计的马鞍包一火就是 20 年，为了防止恶意打版，迪奥甚至还申请了外观专利。

不仅是设计，就连他谢幕时的造型也成了大家最期待的彩蛋，“海盗爷”的大名就是从这个时候来的。

2011 年，“海盗爷”因酒后失言，发表反犹太不当言论，被迪奥开除并宣布永不录用。

▶▶ 被开除的圣罗兰

迪奥花了 115 万美元拍下了一幅《多维玛与大象》，因为照片中模特穿的是迪奥的高定服装，但这件衣服的设计师却是 YSL 的创始人圣罗兰。

圣罗兰 18 岁就当了迪奥先生的助手，迪奥先生去世前钦点他成为迪奥的首席设计师，这一年他才 21 岁。

圣罗兰被迪奥公司开除后，和皮埃尔一起创办圣罗兰服装屋，在 T 台上大胆启用黑人模特。

圣罗兰把艺术大师蒙德里安的画做成了无袖拼接裙，成为时尚界几十年人气居高不下的单品，堪称艺术和时尚的完美结合。

他宣称女性应该舍弃内衣，于是“透视装”被设计出来，把女性解放推向高潮。

他推出世界上第一款以毒品命名的香水，YSL 鸦片香水，并亲自为这款香水拍了裸体广告，迪奥公司还模仿他推出毒药香水。

如今 YSL 品牌略有些尴尬，化妆品和时装分裂在两个集团，化妆品在欧莱雅集团，时装被开云集团收购。

圣罗兰并不是第一个让女性穿上裤子的人，但是他设计的吸烟装让裤子走进了每个女性的衣橱。

12

其实不是那样

“盖章狂魔”乾隆

存诗最多的不是陆游，而是乾隆皇帝。而且，由于过分爱好文艺，乾隆皇帝不仅喜欢写诗，还喜欢题画，更喜欢在国库收藏的各种传世书画作品上加盖印章。

乾隆一生写下 42618 首诗，他一人写诗的数量差点赶上《全唐诗》，但没有一首需要我们背诵。

乾隆是典型的工作狂，每天早上 4 点起床，一天至少要工作 12 个小时——但这还远远比不上他爹雍正皇帝。

乾隆一向被视为“收藏界的奇葩”，王羲之的《快雪时晴帖》一共才写了 28 个字，却被乾隆盖了 172 个章，还写下“神乎技矣”的题字。

“弹幕始祖”乾隆，一个人挑起一个朝代的弹幕大任，一个版本的《富春山居图》中，几乎所有的空白处都题满了他的字，连“山沟沟”里也不放过，最后还在押缝处写下：“以后展玩，亦不复题识矣。”意思是说，再写就剁手！

乾隆也是印章收藏狂人，他身后留下1800多种专属印章，按他在位时间算，平均12天就做出一枚新印来玩。

乾隆的审美和他爸爸雍正相比差了很多，瓷母——各种釉大瓶，钱没少花，但土得掉渣。

1775年，他的宠妃——叱咤后宫的魏佳氏去世。1799年，乾隆和华盛顿同年去世，这一年拿破仑成了法国的当家人。

乾隆是赵孟頫的“小迷弟”，赵孟頫的真迹被乾隆珍藏的最多，同时糟蹋的更多。

乾隆还是一个十分自恋的皇帝，不但给自己刻了一大堆章，很多章上刻着诸如“太上皇帝”“十全老人”“古稀天子”之类王婆卖瓜的称呼，变着法夸自己。

乾隆还是“小吃题名专业户”，如今很多民间特色小吃都有一个共同起源：乾隆下江南——不知他有没有吃，但题名题了个遍。

▶▶ “超长待机”的国王

康熙皇帝在位61年，是中国历史上在位时间最长的皇帝，但在法国皇帝路易十四面前，康熙皇帝就有点小巫见大巫了。

路易十四是“超长待机”国王，在位长达72年110天，在皇帝宝座上“熬”走了自己的儿子、孙子，最后接替他做皇帝的是曾孙。

路易十四热衷于追求时尚，不仅喜欢假发、紧身裤、泡泡裙，还发明了高跟鞋。他最爱的搭配是高跟鞋配性感丝袜，简直可以说，引领女士潮流几百年。

路易十四因为害怕生病，所以一生只洗了7次澡，而为了掩盖体味，他发明了香水，乃至直接用香水擦脸。滑稽的是，最后置他于死地的却是脚气病。

路易十四是康熙皇帝的“小迷弟”，不仅给康熙写过信，还相互交换过画像，更为他的偶像出版了法语版的《康熙帝传》。

他还是跳芭蕾舞的高手，出演过26部芭蕾舞剧的主角，后来直接把法国艺术学院国有化，真可谓法国艺术史上最大的“金主爸爸”。

超级豪华的凡尔赛宫殿就是他下令修建的。凡尔赛宫可同时容纳36000人，他经常召集贵族在里面开派对跳芭蕾，这样一来，就没什么人惦记他的王权了。

路易十四酷爱钻石，衣服、帽子、鞋跟上都镶满了钻石，不过最爱的还是中国丝绸制成的内衣。

据说，路易十四死后尸体被解剖，心脏单独泡在酒精玻璃瓶里，被画家当颜料用。

他是法国史上最著名的君王，但仅有1/4的法国血统，死后欠款25亿法郎。

“海盗”哥伦布

哥伦布是早被写进世界历史的著名航海家，但哥伦布其实不是他的真名，是后来改的名字。而改名，则是为了掩盖他那不光彩的海盗前科。

哥伦布航海冒险并不是为了证明地球是圆的，而是为了寻找黄金和香料。

哥伦布发现新大陆，完全是误打误撞。因为数学不好，他本意是前往印度和中国，因少算了西班牙到印度的距离，结果横渡大西洋，发现了美洲。不过他到死都坚持认为自己发现的是印度，所以美洲的土著人被称为印第安人。

哥伦布是大规模贩卖奴隶的先驱，他个人运往欧洲的奴隶就超过5000人。据记载，他还拿9岁到10岁的小女孩当货币使用。

哥伦布确实为美洲大陆带去了欧洲文明，但同时，天花、麻疹、肺炎、痢疾等疾病，也是哥伦布带过去的。他造成了人类历史上规模最大的种族灭绝。他也是第一个得梅毒的欧洲人。这不禁让人想，如果哥伦布当时到达的是亚洲，会发生什么。

后来,西班牙王室认为他是骗子,所以当他第三次航海回来时,被戴上了手铐。

“微博达人”孔子

孔子才是“微博体”的开创者，每条论语都没超过 140 字，多为孔子发表心情、交流哲理之作。互动性还很强，经常和颜回、子路等进行回复互动，孔子拥有 3000 多粉丝，其中 72 人是“加 V 大号”。

孔子收徒，10 块腊肉是拜见费。孔子说：“自行束修以上，吾未尝无诲焉。”意思是：学生自己带一块干肉来，我从来没有不教诲的。

电影中温文尔雅的形象是假的，实际孔子是个壮硕的山东大汉，身高达 1.9 米以上，能推开 800 多斤的城门，搁到今天，怎么也是位举足轻重的举重冠军。

孔子的后代大概有 400 多万人。

“执子之手，与子偕老。”出自孔子整理的《诗经》，一般用来表达男女之情，实际上，最初表达的是两个男人之间的战友之情。

孔子起名很随意，他儿子出生时正好收到一尾鲤鱼，所以给儿子起名孔鲤。

孔子不姓孔，姓子，根正苗红的商朝王族后裔。

孔子是爱车的“骨灰级”人物，他曾说，自己如果不当老师就去做个老司机。

13 你不了解亚洲

巴基斯坦有多铁

与中国西北边境接壤的巴基斯坦,可以说是中国最铁的朋友,与中国“是长期、全天候和多方面发展的友好关系”,中国网民称其为“巴铁”。

巴基斯坦是中国假发生产的原料产地,过去5年卖了10万公斤假发到中国。巴基斯坦也有“义乌”(锡亚尔科特),这里生产了全球70%的手工缝制足球。巴基斯坦还是阿里国际站粉丝最多的地方。

巴基斯坦是著名的“东方水果篮”,而中国是巴基斯坦水果的主要出口国之一。

巴基斯坦国内第一条地铁是中国承建的,最大的水电站是中国承建的,有27列地铁是中国送的。要问中巴友谊,真可以说,“比山高、比海深、比蜜甜”。

中国游客买东西,巴基斯坦人都给你挑最好的。

吃饭时千万不要用左手给巴基斯坦人递东西,他们认为左手是脏的,只用右手。

巴基斯坦的一处“网红”打卡地在喀喇昆仑公路上，而那里正是宫崎骏《风之谷》的原型。

▶▶ 没有狮子的“狮子国”

斯里兰卡和中国渊源甚深，据说斯里兰卡的格斗术是向郑和学的，并流传至今。斯里兰卡的博物馆里藏有上千件中国文物。

华为、OPPO 在斯里兰卡十分受欢迎。斯里兰卡人抖音也玩得很好。

斯里兰卡有一种“突突车”，完全是国内“三蹦子”的既视感。去哪坐个火车都得 5 小时起步，一般情况下计划好的 7 日游，你得做好长时间颠屁股的思想准备。

斯里兰卡公立医院看病不要钱，法律规定工作日上下午有喝茶时间，每逢月圆还放假。

斯里兰卡的僧伽罗人结婚日当天，小舅子要为新郎洗脚。中部山区还存在着一妻多夫制。

斯里兰卡鱼市 20 元人民币能买来一只大青蟹，榴梿大道 50 元能买 2 个榴梿加 6 个山竹再加 18 个红毛丹。

斯里兰卡号称狮子国，却见不到一头狮子，狮子是佛教的圣物，这里指斯里兰卡是佛国圣地，佛教盛行，70% 以上的人都是佛教徒。

连国花都是和佛教密切相关的莲花。

斯里兰卡的佛教徒“过午不食”，不进娱乐场所、不骑车、不快跑、不乘母畜拉的车、不戴手表，进到庙里就会赤足而行。

斯里兰卡没有狮子，猴子倒是不缺，随处可见。

斯里兰卡有全球第一家大象孤儿院。大象是他们的宝，不但能照看孤儿，1 公斤象粪还能制造出 60 张 A4 纸。而象粪纸则是珍贵的国礼。

在斯里兰卡坐大巴，僧人上来要让座。进寺庙要光脚脱帽。

到了斯里兰卡，摇头肯定，点头否定。千万不要搞错。

在僧伽罗语中，斯里兰卡意为“乐土”或“光明富庶的土地”，有“宝石王国”“印度洋上的明珠”的美称，被马可·波罗认为是最美丽的岛屿。

“人间天堂”尼泊尔

尼泊尔号称是全球幸福指数最高的国家，但人均每天收入不到 20 元人民币。

全球 14 座海拔 8000 米级的雪峰，尼泊尔境内有 8 座，这儿理所当然成了徒步者、攀登者的天堂。尼泊尔只对中国免签证费。

2018 年初，尼泊尔用上了中国宽带。

尼泊尔推行 10 年义务教育，开放式教学，还有 5 所大学可以免费上。尼泊尔国内，穿着最好的多是学生。

在尼泊尔，去哪都是一条盘山公路走到黑，200 千米开车要 10 小时，坐在车上手机计步都能颠出 30000 步。

没有垃圾桶，没有红绿灯，只要是活的就能上街，包括犀牛。

电是分时段供应，水要排队取，二八大杠自行车现在是主流。

2020 年，中尼铁路修到了中尼边界，再过两年后会直接通到尼泊尔首都加德满都。

中国人去尼泊尔买东西，砍价 2/3 比较合理。

▶▶ 富士山是私人的

日版 iPhone 的拍照声音无法去掉，这是日本人强制苹果公司增加的一个设定，目的是防止偷拍。

把乘客推进地铁在日本是一个职业，叫地铁推手，不然地铁门关不上。

东京都市圈人口 4200 万，是世界最大的城市群，但东京只是日本实际意义上的首都，并不是法定首都。

日本人生产 1 日元的硬币，成本是 2 日元。

日本人非常喜欢熊猫，没熊猫的动物园，根本没人去。

哆啦A梦是川崎市的正式市民，这一点，川崎市人尽皆知。

在日本买一个西瓜会让你破产，但软柿子特别便宜，因为软柿子在他们眼里属于腐烂水果，麻嘴的硬柿子才是日本人的最爱。

中国人去日本旅游必去药妆店，采购得很疯狂。比如小林制药液体绊创膏、救心丸、皇汉堂便秘丸、本田胃散、龙角散、无比滴止痒药水等。

日本法律规定，女人离婚100天后才可再嫁，但男人则不受限制。这么做是因为担心女性怀了前夫的孩子。如果女性离婚时可让医生证明没有怀孕，也可以马上再婚。

日本很多店铺开业时，门口都会摆上朋友送的花圈，因为在日本送花圈代表祝福。

在日本，只有100%纯果汁，包装才可以出现水果切开的照片。5%以上100%以下的果汁，包装只能有水果但是不能切开。5%以下的果汁，包装上连水果都不能出现。

富士山其实是私人的，并不属于日本政府，日本政府只有租赁权，每年都需要向富士山的主人支付高昂租金。

抗战剧里日本人留的一撮小胡子，叫“卫生胡”，发源于德国。这么做是因为这样的胡子便于清洗，不容易弄脏。

北海道小樽市西北面，有一个小城镇叫“美国”。本州岛西部还有一个地方叫“中国地区”，由鸟取县、岛根县、冈山县、广岛县、山口县5个县组成。

日本未成年人是不能买烟的，代买也不可以。

日本的商店里都有常备彩弹球，是为了在抢劫犯身上做记号。当有抢劫的人，就扔一个在他身上，用来标记。

▶▶ 你想象不到的泰国

昆明到曼谷的高铁预计 2022 年开通，那时中国人就可以坐火车直达曼谷。

每个泰国男子一生中至少要短期出家一次，其间要落发穿上橘黄色的袈裟，入住寺庙，潜心修行，研习佛法。短则 5 天，长则 3 个月或一生，当和尚期间可以吃荤。

泰国每场电影开播前都会放国歌，还要全场起立，因为这是国王赞歌。

泰国国土面积能轻松装进我国东南四省，GDP 却只接近安徽。

曼谷大街很多那种摇摇欲坠的电线杆，下面的漂亮建筑是火葬亭，所以最好别坐在前面的台阶上拍照。

泰国水果便宜到无法想象，论堆卖，一堆 6 元人民币。

80% 的泰国人银行存款不足 5 万泰铢，约等于 1 万元人民币。

泰国有全世界名字最长的城市，“天使之城，宏伟之城，永恒的宝石之城，永不可摧的因陀罗之城，地球赋予九个宝石的宏伟首都，快乐之城，充满着像统治转世神之天上住所的巍峨皇宫，一座由因陀罗给予、毗湿奴建造的城市”。当然，你也可以叫它的简称——曼谷。

泰国对交通违法的严厉惩罚是世界著名的，交通肇事或酒驾，除了要交 20000 泰铢（约 4000 元人民币）的罚款，扣押驾照至少 6 个月，还会让驾驶者到太平间去清洗、运送尸体。

泰国大街上可能会看到警察佩戴 Hello Kitty，这是一种惩罚，是对警察迟到、不守纪律、乱停车、态度不当的惩罚。

印尼有著名的猫屎咖啡，泰国则有更贵的象屎咖啡，是一种用从大象排泄的粪便里淘出来的咖啡豆磨制成的咖啡。听上去很重口，但一杯要 60 美元。

▶▶ 人间净土缅甸

缅甸人将星期三这天分开，上午称为星期三，下午称为“罗候”。因而，一星期便有了 8 天。

缅甸人也有生肖，但生肖是按星期决定的，因此只有 8 个生肖：星期一属老虎，星期二属狮子，星期三上午属双牙象，下午属无牙象，星期四属老鼠，星期五属天竺鼠，星期六属龙，星期日属妙翅鸟。

缅甸人每周都会过生日，他们称为本命日。

真正的“高考地狱”在缅甸，2018年缅甸161所学校高考通过率只有30%。

缅甸是亚洲第一宝石大国，这么珍贵的东西，交易点跟中国三线城市的菜市场差不多。但这样的地方却出过恐龙时代的琥珀。

云南瑞丽有个寨子，出个门就到缅甸了，当地有很多缅甸人来演出。

缅甸的很多公交车是日韩两国淘汰下来的，坐上去很能享受上下左右前后全方位颠簸。

蒌叶涂上石灰水，包上槟榔，就是缅甸人爱的口香糖，配上2.8元人民币一杯的奶茶，越嚼越有感觉。

缅甸女人脸上涂黄粉，清凉防晒美容防蚊。男人流行穿裙子，方便散热。

缅甸人一赶上满月就会想办法放假，一年12个月，月月有节日。

缅甸的首都已不是仰光，2005年就迁都内比都，面积比仰光大9倍。

缅甸人视头顶为高贵之处，不能用手触摸他人头部，小孩的也不行。

缅甸人视太阳升起的东方为吉祥的方向，认为东方是释迦牟尼成佛的方向，所以缅甸人家里的佛龛都供在室内的东墙上。

▶▶ 印度——唐僧起的名

印度的原名其实挺诗意,叫天竺,唐僧取经后把它改成了印度。

印度是世界上唯一一个有0元货币的国家，但发行0元货币不是为了买东西，而是为了抗议严重的贪污问题。

印度人口快要超过中国了，并且这里有100多个民族，说着2000多种语言。

有很多印度人看上去挺黑，但实际是白种人。

谷歌和微软CEO都是印裔，也都是印度理工学院毕业。印度民间有个说法，一流学生进印度理工，二流学生才去哈佛、耶鲁。

因为爱牛，在印度麦当劳买不到牛肉汉堡，超市却有牛尿饮料出售。

印度飞饼是东南亚人发明的，印度神油则是香港人发明的。

印度人很会说英语，印度是全世界第二大英语国家，第一是美国。印度英语到了美国也很自信，国际友人都在学。

印度电工绝对是世界一流的，看看他们街头的电线杆就知道了。

印度很流行私家侦探，他们有一个热门业务，就是调查新娘或新郎背景，主要是为了确保孩子嫁得对、娶得好。

印度人相信喝了恒河水能治愈霍乱。

宝莱坞电影不唱歌跳舞不行，动作片特技脑洞大得有点吓人。

印度农民用可乐和雪碧给农作物杀虫，因为科学家发现二氧化碳和糖的确会增加农作物的抗虫害能力。

在印度的孟加拉邦，每头牛都有带照片的身份证，这是为了防止被偷运到他国。更不可思议的是，印度还计划将牛身份证推广全国，并为此拨款780万美元。

印度对160个国家出口180种不同香料。全世界75%的香料产自印度。

印度首富穆克什·阿巴尼拥有全世界最贵的房子，叫Antilia，一个月光电费就要700万卢比。这个房子27层，住着阿巴尼一家，以及照顾他们的600多个员工。

印度德里猴子泛滥成灾，甚至会大闹地铁站和政府楼。

印度是第一个发展出提炼和提纯糖的技术的国家。

数字系统中的零，是由印度数学家阿耶波多发明的。

印度有世界最大家族。一个叫作Ziona Chana的男人有39个妻子，94个儿子及女儿，以及33个孙子孙女。并且，他们都生活在一起。

国际象棋发源于印度，chess一词来自梵文，意为“军队的4个组成部分”。

▶▶ 牛羊遍地的蒙古国

与我国毗连而居的蒙古国平均每天有5000辆蒙古国老爷车到我国二连浩特扫货，回去转手一卖，月入过万。

我国的电视剧《生活启示录》《小别离》都在蒙古国拿过收视冠军，《父母爱情》更在黄金强档重播近10次。

在蒙古国，2万元人民币能买一辆丰田，20万元人民币能有一台路虎，都是二手的。

乌兰巴托74%都是年轻人，号称全球最年轻的城市。但这里有一项法令，规定晚上不能在街头喝酒。

出了城的蒙古国遍地是牛羊，牛肉一斤也就七八元人民币，小羊一头只要300元人民币。

1/4的蒙古国人还过着游牧生活，牧民在当地是一种职业，还要评职称。

蒙古国人的识字率高达97.4%，游牧儿童也有特别的学校上。

蒙古国到处都有成吉思汗的雕像，国民非常崇拜他，他们一直相信蒙古国会成为下一个阿联酋。

▶▶ 首尔有多难

韩国火车站不用检票，随便进，但如果逃票被抓，罚款会是票价的 10 倍。

在韩国送礼，朋友结婚可以送花圈，朋友搬家首选卫生纸，为偶像加油最好是大米。

韩国 12 年制义务教育，但只有一半高中生有大学上，出现了很多连锁的通宵读书室，花钱自习，50 元人民币一天。

韩国食物价格高得离谱，100 元人民币在韩国只能买 2 两牛肉（韩牛 350/ 斤）加 2 块西瓜（100/ 个）再加半根胡萝卜（20/ 根）。

韩国是真正的泡菜王国，不完全统计有上百种泡菜，1 人 1 年则要吃掉 35 公斤泡菜。为了做泡菜，韩国每年从我国山东和东北进口 27 万吨大白菜。

韩国外卖非常火热，光外卖软件就有数十个，覆盖全国，24 小时送餐。炸鸡一年外卖高达 8 亿只。不过，韩国人觉得一锅拉面才是灵魂。

韩国还是拖鞋帝国，上课上班都要换拖鞋。

韩国人喜欢汗蒸，可以三天三夜不出来，也喜欢 K 歌，但只有小型练歌房，只有中国的“迷你包”那么大。

韩国是全球唯一一个出生率进入零时代的国家，按这个节奏，最后一名韩国人将在 2750 年消失。

韩国有802万65岁以上的老人，不是在工作就是在找工作的路上。首尔还专门为他们开班“银发招聘会”，可以了解一下。

韩国高考流行“四当五落”，一天睡4个小时才配考好，睡5个小时就要落榜。可这么拼，他们的录取率也只有50%。考上大学几乎都要休个学，一半以上是为了打工凑学费。

首尔有6158家考试院，占全韩国一半以上，住满了“首漂”。在首尔，不吃不喝9年才能买到房，所以租房的有6成，明星也住“全租房”。

练习生超过100万，正式签约的只有1440人，而每年能出道的也就300来人。

韩国人外貌至上，到处都有镜子，20岁以下的年轻人明明近视率高达96%，路上却几乎没人戴眼镜。

▶▶ 越南属猫

越南人继承了许多中国的传统文化，比如十二生肖，但他们的十二生肖中没有兔子，代替兔子的是猫。

10000越南盾等于我们3个一元硬币。

越南院士在翰林院上班，本科毕业拿举人学位，博士是进士，高中毕业叫秀才。

越南苹果要靠进口，但榴梿、山竹扎堆，6 元人民币一斤，随便吃。

实力覆盖越南镇一级行政单位的，除了中国手机，还有中国电视剧和综艺节目。

农历八月十五日是越南儿童节，小孩提着灯笼吃月饼。

河南、太原、西宁、重庆、长沙，在越南都是城市名，顺化皇城则是模仿紫禁城造的。

越南男人喜欢戴绿帽子，女人喜欢戴斗笠。女生校服叫奥黛，是中式旗袍的一种变形。

越南人手一辆摩托，打车都是摩的。

14

你也不了解欧洲

美女之国白俄罗斯

白俄罗斯的机场、车站都有中文标识，市内景区等重要场所也都有中文标识。

美女属于“国家级战略资源”，据说10多年前，白俄罗斯超模出国是受到限制的。

目前在浙江杭州的东欧模特中，白俄美女占8%。她们时薪高达1000元至2000元人民币，在这里工作3个月，回国就能买套房。

白俄罗斯是真正的IT立国，程序员在本国是收入最高（月均收入1万元人民币）的阶层。

在白俄罗斯，如果会讲中文，工资至少能涨个1/3，所以高校纷纷开起了汉语课。

中白工业园，占了白俄罗斯1/4个首都的面积，是白俄罗斯首个区域经济特区。

白俄罗斯森林面积达800万公顷，覆盖率高达39%。水资源更是丰富，拥有大小河流2万多条，湖泊1万多个，号称“万湖之国”。更重要的是，有这么多美景，还对中国免签。

作为一个内陆国家，跟蒙古国一样，白俄罗斯也没有海军。

白俄罗斯人多数信奉东正教，崇拜盐，认为可以避灾驱邪。所以如果谁不小心打翻盐瓶，他们会很忌讳，认为这是不祥之兆。

白俄罗斯出过 3 位以色列总统。

▶▶ 绿色爱尔兰

爱尔兰人特别喜欢绿色，在爱尔兰重要的传统节日圣帕特里克节上，如果谁身上不带点绿，是会被别人瞧不起的。圣帕特里克节前后，连酒吧里卖的啤酒都是特制的绿啤酒。

四季温和的气候造就了爱尔兰 97% 的绿化率，其中 90% 以上是草场（牧场）。

由于自然环境保持得相当好，爱尔兰素有“翡翠岛国”之称，全国绿树成荫，河流纵横，草地遍布，所以又有“绿岛”和“绿宝石”之称。

1997 年之前，爱尔兰的情侣结了婚就不能再离婚，但可以选择期限，1 年到 100 年不等，你可以按自身情况选择。但时间越短，登记费越高，最长和最短婚期的登记费，可相差 27000 元人民币。

爱尔兰流行一句非常厚道的谚语：“世界上只有两样东西不能开玩笑，一是婚姻，二是土豆。”

爱尔兰人舍得花60万元人民币学习中文，因为据说2022年之后，中文将列入他们的高考科目。

你可能不了解爱尔兰，但没关系，你肯定知道这些大名鼎鼎的牛人，叶芝、萧伯纳、王尔德、U2乐队、小红莓乐队、恩雅……他们都是爱尔兰人。

爱尔兰首都都柏林，是世界著名的文学之都，从这里走出了许多杰出文学家。最著名的要数詹姆斯·乔伊斯，他写了一部两块砖头那么厚的天书《尤利西斯》，并骄傲地认为大学教授都读不懂。而从头到尾读完这本书的大学教授确实少之又少。

爱尔兰还特别能产美国公司的一把手，出产的老板积累了不少“世界之最”，然后，他们出版了第一本《吉尼斯世界纪录大全》。

爱尔兰还是威士忌之都。据说爱尔兰普通家庭的门被刷成不同颜色，就是为了防止醉汉进错门。

▶▶ “粮仓”乌克兰

乌克兰是一个有着东南亚物价的欧洲国家，手握地球3/4黑土地，人称“欧洲粮仓”。在乌克兰，30元人民币就能吃到一顿大餐。

乌克兰有不少华为广告，但很多人只买得起魅族，不过在乌克兰，手机销量冠军是小米。

乌克兰美女众多，但很多出国挣钱了。在中国做模特 3 个月（时薪高达1000元至2000元人民币），能回乌克兰轻轻松松买套房。

在乌克兰坐地铁，1 趟 1 元人民币，像挖穿地球一样，在电梯上就要花 2 分 40 秒以上。乌克兰很喜欢在红绿灯上做文章，但对坑坑洼洼的道路则选择无视。

乌克兰的街头艺人，至少 60% 是专业水平的，只可惜卖艺俩小时，30 元赏钱。

乌克兰喜欢酸味，各种腌制水果，还有蘸着酸奶吃的兔肉馅儿饺子。

乌克兰是欧洲的农业大国，但最火的却是二手市场，几块钱能买一件十分精美的工艺品。对了，乌克兰人最高的文化成就是刺绣。

▶▶ 为什么是火鸡？

土耳其被称为火鸡国，主要因为它和火鸡共用了一个英文名，Turkey。

语言学家认为，古代土耳其商人往欧洲贩卖一种被称为 turkey cock 的珍珠鸡，久而久之，这种珍珠鸡成了土耳其的代称。

土耳其也有十二生肖，但与我们相比，十二生肖中的龙被鳄鱼替换了。

土耳其 1/5 国土被无花果树覆盖。地中海气候条件下生长的各种土耳其水果便宜又好吃，但土耳其人最爱吃的水果却是中国柚子。

土耳其人酷爱喝茶，人均茶叶消耗量全球第一。他们喜欢边喝茶边打“麻将”。

土耳其没肉做不成菜。

古代土耳其痴迷中国青花瓷，奈何用不起，后来在此基础上研究出了一种超级华丽的土耳其彩瓷。

土耳其地毯一条 2000 元人民币起，号称永不褪色，经常用作嫁妆。

土耳其市场基本是一口价的，但碰上中国人，就必须要还两口。2018 年，中国去土耳其的游客涨幅高达 59%，当地小镇都冒出了唐人街。

去了土耳其才知道，花 2000 元人民币可以坐热气球 1 小时。

光脚踩一圈独一无二的棉花堡，是全世界游客去土耳其最不能错过的风景名胜。

正宗的土耳其浴室内，有一批称为“坦拉克”的按摩师，双手涂满橄榄油为你服务。土耳其人进浴室大都要带一个丰盛的食品盒，装着羊肉串、腰子、酸奶、榛子等食品干果。沐浴后，新朋旧友一起聚餐。

▶▶ 银行之国，钟表之国

瑞士首都真的不是日内瓦，而是伯尔尼。爱因斯坦就是在这里研究出了相对论。

首都是伯尔尼，但最著名的城市却是日内瓦和苏黎世。

全球 1/4 财富稳稳地放在瑞士银行。你也想去存钱？先准备 3 万元人民币。开户 3 万元起。

全球出口手表中，每 10 块就有 7 块来自瑞士。不过瑞士人买表都去国外，国内太贵了。

早在 2016 年，每天就有 2 万件中国小包裹挺进瑞士，大多是小电器、手机配件和饰品。

有 3 万法国人白天在瑞士挣钱，晚上回法国睡觉。

瑞士公交精确到分，精确得让你迟到都没借口。城际列车上还有儿童乐园。

瑞士人以怪胎著称，法律规定，晚上 10 点以后不能冲马桶，星期天不能洗衣服，不同颜色的玻璃瓶不能丢错。

瑞士银行恪守一种保密协议，对客户所有事宜保持沉默。对私人权益的保护是瑞士法律的基础，这使得瑞士成了“避税天堂”。瑞士的银行业正在遭受各国诟病和施压，因为真是藏污纳垢之地。

在瑞士玩，没有地方是一辆小火车到不了的。48 度的陡坡，这些火车也随便爬。票价？不贵不贵，1300 元人民币一趟。

瑞士实在太美了，导致全球各地频繁出现各种山寨瑞士。

瑞士人禁忌“13”和“星期五”，就餐时也忌讳听到餐具碰撞和咀嚼食物的声音。

▶▶ 瑞典幸福吗？

瑞典的产假多达 480 天（父母共享），全球最多。奶爸至少要休其中的 90 天。一个人从出生第二天起到 18 岁，每个月有近 1000 元人民币的零花钱可以领（这在瑞典叫奶粉金，1250 元瑞典克朗）。

每年 5 周带薪休假，为了鼓励不上班，休假期间工资还比平时高出 0.8%。不工作的人每天还有 237 元人民币的失业津贴可以领。

瑞典除了最早规定孩子不能“体罚”，也规定宠物狗不能独自留在家里超过 6 小时，关 2 小时必须出来放风，所以瑞典有很多带狗上班的人。

瑞典是诺贝尔的故乡，更是人均拥有最多跨国公司的国家。著名的瑞典籍跨国公司有沃尔沃、宜家、H&M、爱立信、哈苏等。当然，沃尔沃（轿车）早被吉利收购了。

瑞典还是“默片女皇”嘉宝的祖国，她曾获颁奥斯卡终身成就奖。1999 年，她被美国电影学会选为百年来最伟大的女演员第 5 名。

瑞典的垃圾回收利用率高达 99%，垃圾不够用，还要进口。

看病只需掏挂号费，但排队基本 3 个月起。

人均月收入 2.5 万元人民币（约 3269 欧元），但一个巨无霸要 47 元人民币，而打个车 1 元人民币只能走 4 秒钟，也就是说半小时得差不多 450 元人民币。

大约有 51% 的瑞典人独自生活，全球比例最高，其中 17% 会定期去做心理辅导。

瑞典约 15% 的土地在北极圈内，是看极光的好地方。

在瑞典语中，“瑞典”是“安宁王国”的意思，它还有许多别称，森林王国、湖泊王国、欧洲锯木场、北欧雪国、禁酒王国。

面包和马铃薯是瑞典人的主食，他们尤其喜欢黑面包。

▶▶ 挪威有多富

每个挪威人，生下来账面上就有 20 万美元（债权）。教育终身免费，时薪 150 元人民币起跳，退休后每人每年最低到手 20 万元人民币。但物价也不是一般的贵，一瓶可乐要 30 元人民币，公交车单程票价 20 元人民币起步。

挪威的三文鱼产量占全球一半，绝大多数会出口到日本。但几乎没有蔬菜，都靠进口，大白菜要 30 元人民币一棵，黄瓜要 25 元人民币一根。很多住在边境的挪威大姐都选择出国买菜。

挪威的垃圾全被瑞典买走了，自己不得已，又从英国高价进口（垃圾）。

如果你在挪威出版一本书，政府会先买上 1000 本，以示鼓励。

挪威意为“通往北方之路”，南北狭长，海岸线漫长曲折，沿海岛屿很多，被称为“万岛之国”。特产是冰川侵蚀后留下的峡湾，家家有游艇，出门就开船，甚至还有全球第一所海上高中。

中国给挪威修了一条北极圈内最大悬索桥，引发全球网友惊叹：“工程奇迹！”

为了推广绿色出行，挪威电动汽车各种免费（免税、免公路费、免费停车、免费充电），还建了全球第一条自行车电梯。

挪威人非常喜欢握手。无论何时，即使是陌生人相会，也要握手及互道姓名。

写了《玩偶之家》的亨里克·易卜生是在中国最著名的挪威人。

▶▶ 全球面积最大的国家

全球面积最大的国家，当然是俄罗斯，面积和冥王星一样大，迎新倒计时全国各地要来 9 次。

莫斯科地铁站很艺术，一不小心就是地下 100 米，坐趟扶梯上来也要四五分钟。圣彼得堡有全俄罗斯最深的地铁，平均深度 100 米。

俄罗斯汽车特别便宜，买车简直如买鞋，2500 元人民币就能来一辆，汽油则 4 元人民币就能加 1 升，没有最高时速限制，只要你胆大，很多车都能飞起来。

女性比男性多出 1000 万，主要是男人能喝酒，每年喝死的人数很多。

俄罗斯的大多数房子层高都 3.5 米起，墙有 0.72 米厚，和他们吃的东西一样，真皮实。

每天有 50 万个快递从中国发到俄罗斯，包括小米手机、充电宝、塑身热裤，但到货基本要半个月，因为很多地方送快递得骑马。

俄罗斯人受教育程度普遍比较高，100 个年轻人中有 54 个是大学生，这个比例全球第一，随便一个交警，张口就能来一段诗朗诵。

俄罗斯最东边的堪察加半岛，95% 的土地是属于熊的，不过当地人也很幸福，帝王蟹只要 200 元人民币，三文鱼更是便宜到不要钱。

俄罗斯人什么宠物都敢养，熊、狮子、老虎、鳄鱼等，还有养有毒动物的。不过从2020年1月开始，这些动物将被禁止在家里饲养。但之前已经在家饲养的，还可以留在身边。

2019年，俄罗斯将汉语正式纳入高考，汉语正式成为俄罗斯人的外语。

俄罗斯人酷爱伏特加，苏联解体后，俄罗斯经济大幅下滑，曾经出现过通货膨胀，导致很多老师、公务员的薪资无法按时发放，政府当局干脆用伏特加发工资。

俄罗斯与美国的距离只有4千米，俄罗斯和美国虽分处不同大陆，可俄罗斯的拉特曼诺夫岛与美国的小代奥米德岛仅相距4千米。

▶▶ 到处是奔驰

奔驰在德国大有一统天下的意思，只要有车的地方，不管是灭火车、扫雪车、垃圾回收车，还是小轿车、大巴车驰行的马路，就会有奔驰。

德国人擅长哲学，思维严谨，就连在厨房里，各种仪器都一级精密，各种厨具都世界一流，可惜用这些厨具，德国人只做出了面包（300 多种）和香肠（1000 多种）。

在德国，周日商场、超市统统关门，节假日如果你非要在公共场所加班，不是不可以，但请先准备好 20 欧元的罚款。

德国最早建造了高速公路，现在全国 2/3 的高速不限速。除了机场，上哪儿都不检票、不安检，但如果逃票被抓，搞不好得坐 1 年牢。

饮料瓶子回收能返现，从 1904 年至今的垃圾分类史上，垃圾桶的制造标准都是德国人确定的。

德国也是家庭藏书最多的国家。德国家庭户均藏书量将近 300 本，人均书店密度也世界第一。但近三成（29%）的大学生毕不了业，不是挂科，就是辍学。

德国人最失败的两件事是：在大多数人的印象中，贝多芬是奥地利人，而希特勒是德国人。实际上，希特勒是奥匈帝国人，他的出生地现属于奥地利。

德国位于欧洲中部，东邻波兰、捷克，南接奥地利、瑞士，西接荷兰、比利时、卢森堡、法国，北接丹麦，濒临北海和波罗的海，是欧洲邻国最多的国家。

德国在历史上被称为“诗人与思想家的国家”，歌德、格林兄弟、托马斯·曼、黑塞等中国人耳熟能详的大文豪，都是德国人。

德国人不喜欢红色、红黑相间色以及褐色，尤其不喜欢墨绿色。德国人讨厌菊花、蔷薇和蝙蝠图案，尤其忌讳核桃。

在德国，纳粹或其军团的符号图案是受到法律禁止的，不能随便使用。

假期最多的国家

法国的浪漫不仅体现在文学、时尚、艺术等方面，更体现在假期上。法国人特别喜欢度假，一年有150天的假期，全球最多。

11片海外领地，让法国拥有12个时区，所以是全球拥有时区最多的国家。

里昂市曾花约40万元人民币，给地铁站喷香水。

法国几乎每个火车站都有一架免费钢琴，供人随便玩。

法国的冬天长达5个月，但只要在冬天，即便交不起房租也能继续住，而且水电暖照供。

许多人去卢浮宫，首先会看到著名的玻璃金字塔，要知道，这是华人贝聿铭设计的。

法国人平均每天要在吃东西上花掉2小时13分，全球用时最长。而一顿法国大餐，正儿八经地吃完，至少要3小时。

法国法律禁止任何人给自己的宠物猪命名为“拿破仑”，但宠物狗可以。

在法国，商业用途的照片如果是修饰过的，而你又没有注明，会遭罚款。狠的能罚 29 万元人民币。

法国的高中作文，会出“我是谁”这一类的题目。在法语中，数字 97 要读 4 × 20+10+7。

法国拥有全世界最多的诺贝尔文学奖获得者，和世界第二多的诺贝尔数学奖获得者。

奥地利人发明的羊角面包是法国人最喜欢的早餐之一。

1964 年之前，法国女人没有个人账户，也不能未经丈夫许可办护照。

按照法国法律，理论上商家是有权拒绝给顾客找零的。因为法律规定，顾客有义务支付金额正好的交易款，而商家没有相应义务。

法国每个城市都有一条维克多 · 雨果街。

▶▶ 古怪的大不列颠

英国要修高铁，可过了一年半才拆了一座废弃的站台。

英国拥有世界上第一条地铁（伦敦地铁），但因为修得太早，无信号、无电梯、无空调，所以在地铁里也只能读书，于是就出现了“丢书大作战”。

伦敦具有世界上最古老、最庞大的地下交通网：有 270 个功能齐全的地铁站，以及至少 40 个甚至没有启用的地铁站。

英国曾花 3.5 亿元人民币引进上海的数学教材，然后推广到 8000 所小学。

《舌尖上的中国》在英国很受欢迎，他们很爱看美食节目，但还是做出了惊天动地的黑暗料理，那就是“仰望星空派”。

《哈利 · 波特》几乎用完了所有英国演员，据说英国注册过的演员中，只有 7 位没有参演过《哈利 · 波特》，这件事让他们很委屈。

伦敦有专门的鸭行道，约克大学的鸭子甚至比学生多。对了，北京烤鸭用的大多数（85% 以上）是英国鸭种，即樱桃谷鸭。

在英国，冷热水分两个龙头出水。

乌鸦是英国的吉祥鸟。传说，如果所有的乌鸦离开伦敦塔，英国将灭亡。所以伦敦塔的乌鸦也有专属保姆，职业侍鸦官，其年薪大约 18 万元人民币。

英国生活用水水质极硬，很多人认为，这是英国人容易脱发的罪魁祸首。

直到 1877 年，著名的牛津大学才允许大学讲师结婚。

英国的苏格兰地区是全球为数不多的男人穿裙子的地方。

英国流浪汉都有专属摊位，一位 30 年前圈了一块地的流浪汉，据说现在身价 5680 万元人民币。

高达135米的伦敦眼并不是伦敦第一个巨型摩天轮，早在1895年伦敦就向公众开放了一个叫伦敦巨轮的摩天轮，只是在1907年被拆除了。

在英国，千万不要把印有女王的邮票倒着贴在信封上，否则会被视为叛国。

18世纪的英国人，进入动物园的门票是一只猫或一条狗，用来喂狮子的。你不愿牺牲宠物的话，付半个便士也可以。

▶▶ 佛系意大利

意大利面积虽远不如中国，却有55项世界遗产，和中国并列世界第一。

意大利人一年有122天都在过节，8月全民带薪休假，还会劝开店的中国人“入乡随俗，一起去玩”。

32万的中国“意漂”，大多来自浙江和福建，开了6.6万家罗马餐馆、米兰超市、威尼斯旅行社……

意大利人下午1点到3点都是要休息的，就业率欧洲倒数第二（59.2%）。最近几年，意大利有了新的流行语：“只有希腊比我们差了。”

全国有14.1万家咖啡厅，如果站着喝，一杯意式浓缩只要1

欧元，坐下来的话，价钱会翻3倍。

“西餐之母”比萨出自意大利，而意大利人做比萨也是十分认真，不仅有那不勒斯比萨标准协会，甚至还为比萨申请了“非物质文化遗产”。

意大利一半的年轻人（49.3%的25岁至34岁的青年人）和爸妈一起住，93%的企业都是家族企业，如范思哲、普拉达等。

文艺复兴之魂时时刻刻都在燃烧，意大利是全世界最富艺术气息的国家之一。

意大利人很少喝热水，他们认为喝热水的人一定是身体不健康的。

意大利几乎所有公共卫生间都是坐便马桶，马桶边还有一个便池，是洗屁股的。

意大利没有星巴克，因为意大利人认为星巴克的咖啡算不上咖啡。意大利人说咖啡一般指意式浓缩黑咖啡，不加奶不加糖。加了奶加了糖的，被称作咖啡饮料。

游客喜欢往意大利无数的许愿池里投币，据统计，仅罗马的许愿池一年可收获约200万欧元的银币。政府会定期清理，将这些钱投放到慈善组织。

法国红酒最出名，但意大利才是最大、最正宗的红酒产地，并且也是意大利人发明了红酒。意大利人均每年要喝掉62公斤红酒。

爱嗑瓜子的西班牙

浙江义乌有直达马德里的铁路，是全球最长的铁路线，装的货物当然主要是义乌小商品。

西班牙最早有高铁，里程数曾经是全球第一，现在第二，落后第一近 8 倍。第一是中国 。

西班牙人开店开 1 小时歇 3 小时，经常抱怨中国人太勤奋，半夜还不打烊，抢他们饭碗。

西班牙午休时间有 3 小时，赢了午睡大赛有 8000 元人民币奖金，呼噜声好听还可以加分。

西班牙人酷爱嗑瓜子，球场一个赛季，能扫出约 2950 吨瓜子皮。西班牙人语速全球第一。

西班牙火腿最贵能卖 1.5 万元人民币一条，但车厘子只要 7.5 元人民币一斤。

超过 1/3 西班牙年轻人没工作。西班牙是全欧洲最爱游戏和日漫的国家。《七龙珠》在西班牙收视率一度高达 70%。

拖把、棒棒糖、潜水艇、桌上足球和电子计算机，都是西班牙人发明的。

西班牙人是全球最健康的人，再过 20 年，他们的人均寿命能到 86 岁。

西班牙有超过 1930 千米的海滩，且一部分海滩允许裸体。

西班牙人的名字中一般有两个姓，第一个来自父亲，第二个来自母亲。

位于巴塞罗那的圣家族大教堂,简直是人类拖延史上的奇迹，始建于 1882 年，至今尚未竣工，竟然拖成了世界遗产。如今，靠门票收入，还在继续造。

西班牙的人均酒吧数位列欧盟国家第一，平均 129 个人中就有一个人有酒吧。

从西班牙到葡萄牙只需一分钟，并且交通工具别出心裁：跨国滑索，索道全长 720 米，位于西班牙韦尔瓦。这是全世界唯一跨国滑索。

▶▶ 音乐之国奥地利

奥地利是名副其实的世界音乐之都，这里集齐了莫扎特、贝多芬、舒伯特、海顿、卡拉扬等音乐大师。在奥地利，不用买站票去金色大厅，走在路上就能听一场音乐会。

维也纳连续十年被评为全球最宜居城市。

维也纳是世界上唯一以第一法律保护饮用水安全的城市，只要打开水龙头，就是婴儿也能喝到高品质直饮水。

维也纳的垃圾焚烧发电厂就建在居民区，安全也洁净，能为

6万居民供热。

奥地利属于温暖的海洋性气候，全年温和潮湿，夏天最高温会突破36℃。

著名的茜茜公主住过的美泉宫，里头动物园的镇馆之宝是大熊猫。

奔驰汽车“梅赛德斯”，源自奥地利一位经销商10岁女儿的名字。

与瑞士一样，奥地利也是永久中立国，1955年奥地利宣布永久中立。奥地利也很安全，即便是一个人夜游，也不用担心安全问题。

在奥地利，只要能拿得动的都能上公交，包括狗狗，不过要带嘴套和牵引绳。

维也纳整个城市就是一座“建筑博物馆”，哥特式、希腊风、巴洛克、洛可可……书上有的，在维也纳都能找到真实版。

在欧洲，无论是肉类、奶制品、生鲜或时蔬，只要上面带有AMA认证标志，就可以完全放心食用，因为这说明它们来自奥地利，符合世界上最高的食品质量要求。

奥地利有一个奇怪的习俗，喝酒时最好与人碰杯，不然可能被监禁7年。

冰岛一点也不冰

冰岛因为人口太少，只有35万，很多领域只要人均一下，就是世界第一。

冰岛人很重视男女平等。10月24日是冰岛的女性休息日，公平起见，又将1月23日定为“老公节”。

雪花毛衣是冰岛的招牌，卖给游客起步价要1000元人民币，但其实2/3都是中国制造。

冰岛历史上，与其他国家只干过一次架，为了鳕鱼。现在连续11年全球和平指数排名第一，警察闲着没事，逗猫遛狗。

为了保证血统纯正，也为防止病毒入境，冰岛的矮壮马只要出了国，就不允许再回来。但这么珍贵的马，也还是会被端上餐桌。

冰岛景色美成仙境，夏天拍日不落，冬天看北极光，到处是大片取景地，就是去不起。

874年，第一波居民登陆冰岛，惊讶地发现这里有吃不完的鱼，但出于私心，他们对外宣称这里冰天雪地，于是有了冰岛的名称。实际上冰岛一点也不冰，气温和北京差不多。

冰岛阿克雷里的红灯，都是爱心的形状，看上去十分有爱。

由于特殊的环境和温度，冰岛并不适宜蚊子生存，所以一年四季没蚊子。

冰岛曾禁止喝啤酒，直到 1989 年 3 月 1 日才解禁，人们为了纪念，把这天定为冰岛的啤酒节。

冰岛有大片比薰衣草还好看的鲁冰花，不可错过。

冰岛是世界上唯一一个在全境抬头就能看到极光的地方。

羊在冰岛十分尊贵，可以在任何一片土地上随意活动。一些农场主会用围栏阻挡别人家的羊来蹭吃蹭喝，但如果羊穿过护栏，主人也没权将它们赶走。

▶▶ 郁金香之国

400 多年前，荷兰商人把中国的瓷器、茶叶、丝绸带到欧洲，成为当时的顶级时尚品。

荷兰有钱人痴迷青花瓷，又恨原装进口太贵，折腾出了山寨版瓷器，代尔夫特蓝陶，没想到还成了国宝。

荷兰猪、荷兰豆，都不是荷兰的。

荷兰人把胡萝卜、土豆和洋葱混合烹调而成的菜叫“国菜”，每年的 10 月上饭馆吃饭，每家饭馆都供应“国菜”。

17 世纪，荷兰东印度公司威名赫赫，在全球拥有 15000 个分支机构，贸易额占全世界总贸易额的一半，是人类历史上最大的公司，富可敌全世界。

我们所说的荷兰豆在荷兰称为中国豆。

荷兰人一生只爱钱，AA 制英文“Go Dutch”中的 Dutch，指的就是荷兰人。

在荷兰打碟，混得再差也在全球名列前茅。

荷兰男人平均身高 1.83 米，女人 1.73 米。

荷兰花了 700 万欧元给熊猫修建豪华宫殿，此前他们已经努力了 16 年。

1/5 的荷兰国土是靠填海来的，超 1/4 的土地在海平面以下。荷兰很多地名以“丹”结尾，其实就是 dam，坝的意思。荷兰最高的山，海拔只有 323 米。

号称荷兰水乡的羊角村，快被中国人包围了，羊角村每年接待的世界游客，超 4 成是中国人，大约 35 万。

荷兰以海堤、风车、郁金香和宽容的社会风气而闻名，2018 年全球创新指数，荷兰排名第二。

荷兰也是全球第一个同性婚姻与安乐死合法化的国家。

荷兰国土面积 4.15 万平方千米，却有 1700 多万人口，人口密度比日本还高。

荷兰是世界上最大的郁金香生产国，几百年来培育了 700 多个品种，远销全球。荷兰是世界最大的花卉出口国，每年花卉出口额高达 70 亿欧元。

荷兰猪并不是猪，而是一种豚鼠，原产地在美洲。荷兰人把它运到日本，告诉日本人这是猪，肉好吃，日本人居然相信了。荷兰猪的叫法就是这么传开的。

15 这些你也可能不了解

“北漂”澳大利亚

澳大利亚的钞票全是塑料做的，全球唯一，不怕洗衣机。

澳大利亚以每年 6.85 厘米的速度向北漂移，成为地球史上最执着的“北漂”。

我们每天都在用的银行卡磁条技术和车票通勤卡都是澳大利亚人发明的。

澳大利亚定首都的时候，悉尼和墨尔本争执不下，最后在中间造了一座堪培拉。

澳大利亚最早是英国关犯人的地方，有些犯人表现比较好，当了第一批警察。

50 元人民币在澳大利亚只能买 2 瓶矿泉水加 2 听可乐，但牛奶超便宜，1 升装的能来 10 盒。

8 小时工作制最早由英国人提出，但最早获得实施是在澳大利亚。下午 5 点准时下班，不过商场也关了，家里又没网。

澳大利亚人虽然发明了 Wi-Fi，但网速还没非洲肯尼亚快（全球第 55 位），在澳大利亚的很多中国留学生戒了游戏，卖起了光盘。

西澳随手拍就是壁纸，塔斯马尼亚一年四季都有极光，虽然是南极光。

澳大利亚的日常是遭受物种入侵，差点被150亿只兔子亡了国。对了，在澳大利亚私养兔子会被罚款22万元人民币。

“世界毒王”有一半在澳大利亚，如澳大利亚方水母、澳大利亚漏斗形蜘蛛、澳大利亚太攀蛇、澳大利亚艾基特林海蛇。

澳大利亚拥有10000多片海滩，即使你每天去一个全新的海滩，也得花费你27年多的时间。

鸸鹋是澳大利亚特产，体高150厘米至185厘米，体重30千克至45千克，擅长奔跑。20世纪30年代末期，澳大利亚鸸鹋泛滥成灾，政府决定向鸸鹋开战，但它们跑得太快，澳军失败。

▶▶ 为什么叫山姆大叔

1812年的英美战争时期，纽约一位被称为“山姆大叔”的肉类承包商，负责供应军队牛肉和酒。因为“山姆大叔”的缩写和“美国”的缩写一样，山姆大叔就成了美国的象征。

纽约是美国的第一个首都，现在全球城市竞争力排名第一。深圳排名第四。

纽约非常富有，贫富差距也非常悬殊。每 21 个纽约人当中就有 1 个百万富翁，但每 5 个纽约人当中就有一个贫困人口。八成纽约人每天搭地铁上下班，百年老地铁 24 小时开，但是没空调、没防护门，是各种生物的大本营。

地球上最挣钱的店是纽约第五大道的苹果店，一天进账高达 700 万元人民币。

曼哈顿的房子均价一平方米 16 万元人民币，最贵的中央公园边上一平方米 55 万到 75 万元人民币。中央公园门口的热狗摊，一年租金 200 万元人民币，不过全纽约热狗摊老板年均收入一点也不低。

纽约有 13500 辆小黄车（出租车），一张牌照曾涨到 840 万元人民币。

纽约最大的“帮派”是 16 亿铺道蚁，每天都在清理纽约人扔掉的 100 万吨食物。

著名的自由女神像并不是美国人制造的，而是美国独立 100 周年时，法国政府赠送的。自由女神像的雕塑者是法国艺术家巴托尔第。

美国很重视将孩子留在车里的问题，各州法律都有涉及。加州法律规定，必须有 12 岁以上的人与 6 岁以下孩子留在车内，无论时间长短，否则监护人要坐牢；康涅狄格州则规定，12 岁以下的孩子单独在车内，如果警察相信时间够长且有危险，父母要坐牢的。

美国的中餐馆大概有5万家之多，比麦当劳、肯德基、汉堡王等连锁快餐店加起来还要多。

白宫最早既不叫白宫，也不是白色的。1812年爆发第二次英美战争，英军攻占华盛顿，焚烧了白宫，只留下空架子，后来白宫重修时为掩盖火烧的痕迹，被漆成白色。1902年，罗斯福总统正式取了“白宫”这个名称。

▶▶ 非洲的样子

假发在非洲是刚需，他们一年在假发上的花费超过296亿元人民币。这些假发大部分是河南人生产的。

北非七国70%多是白种人，撒哈拉以南的黑种人才是我们常说的非洲人。

津巴布韦曾是全球第五大粮食出口国，相当富有，号称“非洲面包篮”。但津巴布韦也曾发行过100万亿面额的津元，可这些钱还不够买半个面包。

撒哈拉以南4.4亿手机用户，大多数没电充，信号也不稳。广大的非洲人民发明了行走的充电桩，靠充电和铺信号发家致富。

非洲沿海人民，鱼当米饭吃，大龙虾50元人民币一只，多到懒得吃。

地表最热地区撒哈拉沙漠，2018 年年初竟然下过一场雪。

肯尼亚，是地球“最大野生动物园”，这里聚集了“非洲五霸”，十分彪悍。

毛里求斯也过春节，而且是法定节假日，他们的钱上印的也是中国人，而且对中国无条件免签。

非洲并没想象中那么热，除撒哈拉沙漠，其他大多数地方年均气温在 20℃上下。

▶▶ 长跑之乡肯尼亚

在肯尼亚境内，东非大裂谷的轮廓非常清晰，它纵贯南北，恰好与横穿全国的赤道相交叉，因此肯尼亚获得了一个十分有趣的称号——东非十字架。

国土面积的 8% 都是野生动物保护区。

著名的东非“大动脉”蒙内铁路穿越肯尼亚。看一眼就知道是中国制造，甚至还沿用了青藏铁路的动物通道。

肯尼亚是全球最大的红茶出口国，养活了当地 300 多万人。

肯尼亚首都内罗毕还入选过地球十大春城，最高温也就 20 多摄氏度。全球大量鲜切花都出自肯尼亚，出口量在世界排名第四。

肯尼亚是著名的长跑之乡，已经出过近千位地球上最能跑的长跑选手。肯尼亚的少年都是跑步上学，来回12千米，还是山路。

马赛族小孩，日常上学之路就是草原大穿越，必要的话，他们可能会从狮子口中抢吃的。

郑和团队最远到过肯尼亚的海滨城市蒙巴萨，据说还在拉姆岛留下过后人。

要去东非大草原“打卡”的话，需要天亮前出发找动物，10点回酒店，下午4点再出发，太阳落山后返回。完全是配合动物时间，否则别想看到它们。

由于早年被英国殖民统治，肯尼亚人非常喜欢喝茶，以至于咖啡豆在本地的销售连连受阻。不过，肯尼亚本身就是全球重要的茶叶生产、出口国之一。

肯尼亚医生短缺，每6355个肯尼亚人中只有一名医生，所以偏远地区的人早就适应了移动就医。通过App，人们可以直接问诊，医生通过App开处方。

2017年8月，肯尼亚全面执行“禁塑令”，出台了最严苛的法令，违反者将处以监禁或处以约14万至28万元人民币的罚款。

肯尼亚位于赤道，不过并不热，全年平均气温在27℃左右，早晚和夜间气温在10℃左右。这是因为海拔太高。

马赛马拉草原的动物大迁徙太著名，以至于不少人认为过了迁徙季，就没什么动物。其实不是，动物一直都有，只是没有迁徙季那么多。

▶▶ 天赐之地地中海

南非的开普敦是非洲最发达的城市。这儿的人连同城市都享受着舒适的地中海气候。在南北纬度 30° 到 40° 的大陆西岸，夏季被副热带高气压带控制，炎热干燥。冬天有西风带，从海上带来暖湿气流，这就是冬暖夏凉的地中海气候，非常适合人类居住。

这样的好地方，只占地球陆地面积的 2%，处于中心位置的地中海沿岸国家，更是天选之子。四大文明古国中有两个在这里诞生，分别是古埃及和古巴比伦，希腊人和罗马人也是在这里“出圈”的。

全球最热门的旅游城市，如威尼斯、巴塞罗那、普罗旺斯、圣托里尼等，有一半聚集在地中海气候带，真是老天赏饭吃的好地方。

现在全球只有 3% 的幸运儿住在地中海气候带，日常住豪宅（摩纳哥的房价 38 万元人民币一平方米），吃三文鱼和橄榄油，喝顶级葡萄酒。活着就是度假。

▶▶ 怎样造个金字塔

挖一条运河，让尼罗河的水流进来，连接采石场，运河两端造港口，其中一个（吉萨港）通过堤道连接金字塔工地，这样准备工作就差不多了。

石灰岩刚采出来的时候，要趁软隔绝二氧化碳，放进水里加工，轻松无尘。在刻槽里校准，打磨成型后，绑在莎草毯子包裹的充气皮囊下，等洪水季水位一涨，就可以一路拖运到吉萨港。再利用气压差，让石砖一路往上浮游进工地，这一整段路只需要 3 天。

前两批石砖都是斜坡造型（切面 52.8 度），为的是稳固外墙，等逐层建造完毕，就可以建堤道和阀门了，让石砖游上去，这是顶部工作台，一边一个升降井，石砖到了之后卸下浮材，再推到相应的位置。

这样就大功告成了。这个方案出自前几年出土的一份死海古卷，将之前流传的神力建造法统统打回原形。所以没有什么世界奇迹，如果真要有，也是智慧和汗水。

16

动物真相

最“贱”的鸟

乌鸦有一种很贱的行为：拉尾巴。不管什么动物，看到人家有尾巴就想拉。似乎肚子里除了胃，全是胆儿。一开始，人们认为乌鸦这么做是为了转移对方的注意力，以便抢夺对方食物。后来有生物学家研究表明，乌鸦这么做纯粹是因为无法抑制心中的冲动，就喜欢挑衅比自己大的生物。

中国有上千只乌鸦在北京师范大学“读夜校”，它们造就了一条“天屎路”，还很爱把屎拉在人头上，你要是敢反击，据说将会被报复好几年。

实验表明乌鸦能够识别人脸，非常记仇，而且乌鸦之间可以交流，一只鸦被欺负了，全家族都来报复你，让你永远被恐惧支配着。乌鸦的这些行为，本质上是因为它非常聪明，动物界乌鸦的聪明程度仅次于海豚和黑猩猩。

乌鸦的脑容量与身体的比例是鸟类之最，美洲鸦的大脑约占其体重的2.3%，而家鸡只有0.1%。通过对75年间2000次鸟类行为案例的分析总结，智商最高的一个类群，就是乌鸦所属的雀形目鸦科鸟类。

《哈利·波特》中，有一个象征睿智博学的鹰院（拉文克劳学院），直译就是乌鸦的爪子。鹰院选择学生时，把他们的智慧放在第一位，就是因为乌鸦代表着聪明。

吃一些贝壳类食物时，乌鸦通常会衔着食物飞到高高的树上，然后扔下来，一次不行，就多来几次。乌鸦也用这种方法对付核桃，只不过核桃更为坚硬，要扔碎可能需反复多次。到了冬天，当大地铺上一层皑皑白雪时，乌鸦会将核桃衔到公路上，寻求车辆的“帮助”。

▶▶ 被误解的穿山甲

一身鳞片的穿山甲，貌似坚不可摧，实际上攻击性为负数：视力很差，也没有尖利的牙齿。舌头有 30 厘米长，但挑食，只吃白蚁或各种蚂蚁。唯一还算锋利的前爪，只是用来打洞的，平常都是揣着保护起来的。

并且，它们还哈着腰走路，遇到危险唯一的抵御办法就是蜷成一团。但这一招十分管用，缩成一团的穿山甲，就连狮子也束手无策。

即便如此，穿山甲还是躲不过人类的捕杀。每年有超过 10 万只穿山甲被非法猎杀，肉被端上餐桌，鳞片被制成药材。它们是地球上遭受非法交易最多的野生动物。穿山甲的鳞片，其实就是角蛋白，跟人的指甲没差别，因为擅长打洞，就被认为可以通经下乳，甚至成了十全大补药。

亚洲的穿山甲不够，非法猎人的“触手”已经伸向了非洲。短短几十年，中华穿山甲消失了95%，其他几种也成了极度濒危，要知道它们已经在地球上存活了4000万年。

当然，不只是穿山甲，正在消失的极危物种还有很多。为了保护生态，人类对野生动物应该保护，而非猎杀。

▶▶ 微笑的真相

提里库姆是一头漂亮的虎鲸，也是全球著名的杀人鲸，身上背负了3条人命。但要知道，这是被圈养起来观赏的虎鲸。

野生虎鲸对人其实是很友好的，从没有过伤人事件，会和人沟通、模仿人的音调，能活到105岁——提里库姆只活到36岁。它2岁被卖到水族馆，生活在翻身都难的圈养池，被迫吃死鱼，学习跳操。长期囚禁和药物控制导致它行为反常，最终在表演现场杀死了训练员。

不只虎鲸，全球有3603头鲸豚正在被迫表演，其中海豚占比超过 80%，因为它们极度聪明，训练员的指令都能照做。但经常能看到因超负荷表演而病亡的海豚。观众的掌声只会让听觉敏锐的海豚遭受更大的精神压力。

面对一头张开嘴巴的白鲸时，许多人会觉得很可爱，但其实，白鲸用这样的方式表达的是愤怒。真相是，鲸豚的笑脸是天生的，即使痛苦也不会改变。

▶▶ 数量最多的鸟类

你可能想不到，地球上数量最多的鸟类竟然是鸡，全球人均拥有 3 只鸡。

而且鸡是一种历史非常古老的动物，和霸王龙同祖。

头上戴冠，是文；脚上有爪，是武；敢于搏斗，是勇；会叫朋友一起吃，是仁；每天准时打鸣，是信。所以中国古人说，属鸡的人五德俱全。

家鸡的祖先是东南亚红原鸡，1000 年前跟着波利尼西亚人到达复活节岛，现在地球上只有南极洲没有活鸡——但并不是鸡不能在那儿生存，而是为了保护帝企鹅。

原本寿命可长达 10 多年的肉鸡，进了流水线后，只能活 35 天。地球人民 1 年要吃 666 亿只鸡，中国占了 1/6，而广东人简直无鸡不成席，一年能干掉 20 亿只。

母鸡孵蛋有个怪癖：只有当窝里的鸡蛋足数后，母鸡才会开始孵。所以只要不掏完，母鸡就会补产，你不停地掏，它会不停地补。

因为天性爱“搞”，鸡可以杂交成任何样子，最让人不可思议的当属身高 1 米 2 的梵天鸡、尾长 6 米的长尾鸡，以及从里黑到外的大乌鸡。

鸡的生存能力和抗辐射能力都超级强大，在切尔诺贝利（辐射）级别的地方也能正常下蛋，所以只能带一种动物去火星的话，首选还是鸡。

鸡实在太美，川甘黔都选来做省鸟（红腹锦鸡）。

中国特有的雉鸡有铜鸡、银鸡、藏马鸡等。

▶▶ 节能的树懒

地球上进化较完善的动物，不是什么猛禽走兽，而是以节能为终极生存秘籍的树懒。

树懒一天的移动距离一定不超过 38.1 米，只要一棵树上够吃，绝对不会挪到另外一棵，毕竟伸爪子也会消耗能量。它们甚至懒得嚼，选择直接让口水慢慢消化，还为此进化出了好几个胃室——树懒的胃占了身体的 1/3。

树懒的运动量是一周一次，即爬到树下清空肠胃。

最牛的是，树懒在自己身上造了一个微型生态系统，可以自己种“菜”自己吃。

一只树懒身上，可以住下 120 多只蛾子，它们靠的是吃树懒的排泄物繁殖。老蛾子死掉后，经树懒毛发上寄生的真菌分解，成为绿藻生长的上好肥料。于是，树懒有了一身绿衣，只要稳得住，天敌一般都不会发现。

正是以上节能环保加“隐身”大招，使得这种听力不行、视力不佳、不会行走、防御力简直为负的物种，在地球上竟活了相当长的时间。

▶▶ 最受欢迎的鸟类

啄木鸟没得脑震荡，可真是进化的奇迹。

它们啄树干，一秒钟可达 20 次，每次都是中学生百米冲刺的速度（25km/h）。这么狠也没事，得感谢围在它们头骨外的细长舌角骨，它会将喙和前额不能吸收的撞击力引入肩部和枕部的肌肉系统，还能让舌头伸长数倍，以便钩取树干中的小虫子。

撞击前千分之一秒，啄木鸟会紧闭双眼，防止木屑溅入眼睛，而且总能以 90° 的角度垂直撞击树干，直接“干掉”了剪切力。

有这种探囊取物之功，只当个森林卫士，岂不是大材小用了，所以它们造出了地球上最多的巢穴（树洞巢）。

啄木鸟不但受人类喜欢，也深受其他动物喜欢，因为它们太大方，送食物、送房子。

1878种现生鸟类会在树洞中筑巢，其中338种都在利用啄木鸟的树洞。吸汁啄木鸟啄树皮舔树汁，也分了其他动物一杯羹。橡树啄木鸟则直接把树当粮仓，给了松鼠吃白食的机会。

▶▶ 曾经的地球霸主

地球上这些生物都曾经是霸主：

环轮水母（7.5亿年前，震旦纪），在地球还没什么活物的时候，轻松蹿上食物链顶端。

奇虾（5亿年前，寒武纪），称霸远古海洋长达1亿年，身长50厘米起，自带铜铃般的复眼，360°无死角，随手一抓就是吃的。

邓氏鱼（3.5亿年前，泥盆纪），鱼类时代的地球一霸。身长10米，体重4吨，因为进化出脊椎，延伸到下巴，拥有600公斤咬合力，可秒杀节肢动物之王（海蝎）。

马陆（3亿年前，石炭纪），以及和鹰一样大的巨蜻蜓，和狼一样大的巨蝎，都是巨虫时代的地球霸主。

丽齿兽（2.5亿年前，二叠纪），拥有犀牛的身材、猎豹的速度，可轻松撕咬任何猎物。

二叠纪末期，以上霸主“团灭”，人类祖先逃过一劫，并进化成了中华侏罗兽（老鼠般大小），但即使那时候，也没谁想得到，它会一步步爬上地球最强霸主之位。

▶▶ 澳大利亚动物谁最野？

袋熊

袋熊是澳大利亚特有的有袋类动物之一，又叫方便熊。平时动作很慢，逃跑的时候像只“小电驴”（一口气能跑出1.3千米），最近靠着强大的打洞技能，成为山火里的英雄。受到攻击时，袋熊会发挥巨大的抵抗力，比如它们会破坏地底隧道，令掠食者窒息而死。

鹤驼

虽说不会飞，但靠着利爪和“扫堂腿”，问鼎地球上最危险的鸟类。鸟妈妈很潇洒，生完就跑，后代能从恐龙时代幸存下来主要靠鸟爸。它们的每个脚趾都有锋利的爪，中趾的爪更像匕首，长 120 毫米，特别危险。它们能够以时速 50 千米穿越密林，能跳 1.5 米高，还是游泳能手。

鸸鹋

翅膀比非洲鸵鸟和美洲鸵鸟更加退化，是世界上最古老的鸟种之一。鸸鹋很友善，若不激怒它，它从不啄人，也就是说如果你激怒它，它会跟你没完。

棘蜥

生活在红色沙漠地带，自带补水独门绝技，皮肤可以通过毛细作用吸水。舌如闪电，一天吃掉成百上千只蚂蚁，通常以蜜蚁为食，每次最多能吃 1800 只。进食时间超长，因为它只吃蚂蚁,而且一次只用舌头卷起一只蚂蚁放入嘴里。看上去很危险，实际上完全无害、无毒，也不会主动攻击人类，但会向入侵者露出尖刺。

虎皮鹦鹉

它们是澳大利亚沙漠真正的王者，为了躲避天敌，它们自有一套“高空作战体系”。1万多只集体出动，轮流喝水，一趟下来，最多只会被擒一只。虎皮鹦鹉是全世界最普遍的宠物鸟，品种繁多，顽皮可爱，受到大众广泛喜爱。全世界的总数量超过500万只。

鸭嘴兽

澳大利亚独有的卵生哺乳动物，也是活化石一样的存在。鸭嘴自带电感受器，闭着眼睛也能在水下穿梭。鸭嘴兽是极少数用毒液自卫的哺乳动物之一。雄性鸭嘴兽的膝盖背面有一根空心刺，后肢向敌人猛戳的同时会放出毒液。鸭嘴兽的毒液对人类不会致命，但会引起剧痛，而且持续时间长达数周，甚至数月。所以在野外遭遇鸭嘴兽，千万不能掉以轻心。

▶▶ 羊，你咋不上天

羊属于牛科。

羊毛出在绵羊身上，羊绒长在山羊身上。

羊去了青海光伏发电站就是“行走的除草机”，靠吃解决了杂草蔓延影响发电的难题。

为了提前逃跑，羊进化出了矩形瞳孔，能掌握至少 270° 的超大视野。羊蹄子小而尖，脚趾能分得很开，底部又糙，抓地力强。锻炼多一点的羊，攀岩就跟人走楼梯一样。

除了绵羊，其他种类的羊，大多“艺高羊胆大”。比如，总是被雪豹惦记着的岩羊，一辈子飞檐走壁的羱羊，为了舔口盐不要命的阿尔卑斯野山羊。

“羊上树”是真的，摩洛哥山羊为吃果子，会爬上阿尔甘树，未被消化的果核可用作烹调油或化妆品原料，是当地创收的大招。

最狠的是美洲晕倒羊，稍微受到惊吓就会腿软倒地，平均 1 周晕倒 25 次。

▶▶ 哪个最能生

1859 年，24 只野兔“偷渡”到澳大利亚，67 年后暴增至 100 亿只。澳大利亚人民动用飞机、狐狸、铁丝网来狙击，没能成功，最后靠病毒才勉强控制住。但兔子们还是从幸存的 0.1% 的数量轻松恢复到了如今的 60 亿只。

这是因为兔子很容易怀孕，而且拥有双子宫，可以一侧怀着一侧继续受孕。

但相比北极旅鼠，这就太弱了。北极旅鼠一年到头都在生，一胎能产12只，一次只用20天。但它们天性孤独、忧郁，数量一多就狂躁不安，还造成了集体跳海的乌龙。

要说动物的集体性事件，这当然不算什么。珊瑚会每年两次在大堡礁上演地球上规模最大的性事狂欢。雌雄同体的珊瑚会把生殖细胞分别“打包”成具有浮力的小球，在满月时集中释放。几百万只小球浮上水面后自动打开，自由组合。

一条1.4米长的翻车鱼，一次能产3亿枚卵，尽管存活率只有百万分之一。

生物在食物链中越靠下，越容易成为机会主义者，会一次性产下大量廉价后代，专业上叫R型繁殖策略。相反，如果种群生存环境稳定且竞争激烈，数量已经逼近环境承载力，物种就会选择少生优生，这叫K策略。

种群密度甚至可以决定生物的性别，鳗鱼就是其中一类。

打不死的“小强”

蟑螂4亿年前就出现在地球上，是一种“看着恐龙长大的生物”。

蟑螂强大是因为，雌性蟑螂交配一次，就能终生产卵。一只雌蟑螂一年可以创造一支“百万大军”。一种叫美洲大蠊的蟑螂甚至可以孤雌生殖，即卵不受精也能发育成个体。更厉害的是，有些蟑螂头掉了还能继续生宝宝。

黑龙江、吉林、新疆的蟑螂有硬币这么大，湖南、江西、福建的蟑螂，三只就能凑一盘菜。

油、红糖、淀粉是蟑螂的最爱，胶水、地毯、毛发也能被它们轻易消化。

蟑螂还特别喜欢喝酒。如果实在没什么可吃的，虚弱的同伴也能填肚子。

蟑螂的蛋白质含量很高，是鸡肉的三倍，属于高蛋白营养品，据说还具有活血消肿的药用价值。

只有怀孕的蟑螂才会飞，普通的只会滑翔，一小时能滑4800米。

蟑螂每5年就会进化一次，所以蟑螂药越来越不管用。现在它们已经在“控糖”了，人类和蟑螂的大战会更加艰辛。

蟑螂能承受的核辐射剂量为6400拉德，是人类耐受度的十几倍，如果地球发生核爆炸，它们比人类的生存概率大许多。

蟑螂是解决厨余垃圾的小能手，济南垃圾处理工厂里有10

亿只小强，它们每天可以吃掉 50 吨餐厨垃圾，相当于 7 头大象的重量。

▶▶ 动物为啥要吃屎

考拉是被妈妈用屎喂大的，这话一点都不夸张。

考拉们没被桉树叶毒死，靠的就是一种肠菌，它们不仅能分解桉树叶的毒素，还能把纤维分解成可以吸收的营养物质，这些肠菌作为考拉家族的传家宝，必须要靠考拉妈妈“一把屎一把尿”喂给宝宝们。

同样重口味的还有咱们的国宝熊猫。

豚鼠每天吃屎高达 200 多次，因为它们体内没有直接能消化纤维素的酶，需要反复吞食粪便，才能从食物中获得一点营养，这样有规律的吃屎行为被称为“重摄入行为”。

食草动物的粪便中会剩下三分之一的营养，屎壳郎和苍蝇就以其他动物的便便为生。

兔子也是。它们的肠道很短，消化能力很弱，但是盲肠足够发达，因而它们会先把食物储存在盲肠里，加工成好吸收的半成品软便，排软便时兔子会把头伸到尾巴下面直接用嘴巴接住。这种软便中的蛋白质含量以及短链脂肪酸，都是硬便的好几倍。

我们之所以觉得便便恶心，是因为人类的消化系统太脆弱（以熟食为基础），对于不健康的粪便就进化出了厌恶感。这种厌恶感其实是人体的一种保护机制。没有进化出这种厌恶感的人类，很可能会因为肠胃有害菌群超过免疫系统极限，最终死于肠胃炎。活下来的人类都遗传了这种厌恶感。

恐龙你好

霸王龙

又叫暴龙，史上最强食肉动物，20 吨的咬合力，一口能吞 460 斤食物，侏罗纪生物最大的噩梦。霸王龙这个名字，在古希腊文中意为“残暴的蜥蜴王”。1991 年在加拿大西部发现的暴龙化石，是全球迄今发现的最大暴龙化石，身长 13 米，体重大约 8.8 吨。

三角龙

草食恐龙，是真正敢对抗霸王龙的狠角色，头盾可长达 2.5 米，是实心的骨头，无比坚硬。生存在 6800 万到 6500 万年前，是最晚出现的恐龙之一，经常被作为晚白垩纪的代表化石。

鲨齿龙

牙齿非常像大白鲨，极其锋利，适合放血。鲨齿龙这个名字，意为“像噬人鲨的蜥蜴”。成年鲨齿龙估计身长为 11 米至 14 米，体重可达 6 吨至 11.5 吨。它们的牙冠上有整齐的锯齿，类似噬人鲨牙齿上的锯齿，适合切割皮肤以及肌肉组织。

翼龙

翼龙并不是恐龙，而是恐龙的近亲，第一种会飞的脊椎动物。体型差距非常大，较小的森林翼龙只有鸟类那么大，最大的翼龙是风神翼龙，翼展可达 11 米，接近一架飞机，翅骨清晰可见。风神翼龙还有巨大的尖嘴，嘴里有长达 10 厘米的牙齿。

迅猛龙

又称伶盗龙，以敏捷著称，高智商，三根指爪大幅弯曲，无比锋利。它的名字在拉丁文意为“敏捷的盗贼”。它们体型不大，腿脚和尾巴都很纤细，但动作非常迅猛，可捕捉非常小的飞虫或蜥蜴，再敏捷的动物也很难摆脱其杀戮。

腕龙

草食恐龙，脑袋能抬到四层楼高，脖子长度超过身体 1/3，颈椎骨粗壮发达。腕龙是地球上出现过的最大、最高、最重的恐龙之一，高达 15 米，重达 35 吨。因为太高了，它们的心脏重达 3 吨，否则很难将血液输送到头部。它以拥有巨大的前肢和像长颈鹿样的长颈而闻名。腕龙一天要吃 1 吨多重的食物，胃口相当了得。

甲龙

又叫坦克龙，身披铠甲，头上的三角形突棘整齐排列，自带“流星锤”。甲龙背上的硬甲实质为硬化皮肤，具有较强防御能力，但没法和骨骼形成的龟壳相比，因而对咬合力数十吨的暴龙而言，防御作用有限。但它们有个像高尔夫球棒一样的尾巴，可以防御，也可以出击。

▶▶ 如果蜜蜂消失

2006 年出现了一种叫作“蜂群衰竭失调症”的现象（CCD），大部分工蜂丢下幼虫、蜂王，像人间蒸发一样，活不见蜂、死不见尸。这现象吓坏了人类，好在不是所有蜜蜂都这样，要不然的话，可能会像爱因斯坦说的那样，再过 4 年就是人类的大限了。

蜜蜂在这个世界上，有着不可替代的重要性。

世界上 84% 的植物都要依靠蜜蜂传粉，如果蜜蜂灭绝，短期内植物会失去繁衍后代的能力。除了玉米、小麦、大米等风媒作物以外，依赖虫媒授粉的农作物产量会大幅下降，咖啡、苹果、番茄和可可等农产品甚至要绝收。如此一来，不但会发生粮食危机，食物链上以这些植物为食的动物数量也会受到巨大影响。

棉花非常依赖蜜蜂授粉，蜜蜂消失将导致棉花产量严重受挫，60% 以上的服装含有棉花的织物，棉花消失后，纯棉牛仔裤和 T 恤可能会走进博物馆。

蜜蜂还是油料作物的忠实授粉者，通过蜜蜂授粉的油料作物可以增产 30%。如果蜜蜂消失，我们将再也吃不到腰果 、杏仁、巴旦木这些好吃的坚果。奶牛如果没有油料（豆饼）作物的投喂，会快速瘦身，那时候我们将不仅吃不到好吃的牛肉，连牛奶也会变成我们喝不起的奢侈品。喝不上牛奶的我们平均身高估计还会下降几厘米。

如果蜜蜂消失，为了帮助各种植物完成授粉，估计会出现一个庞大的新的职业群——人工授粉员，其数量将会是10亿以上。为什么需要这么多人呢？因为一个蜂箱的蜜蜂一天能为300万朵花授粉，但一个工人一天只能为30棵树授粉。

17 向动物学习

▶▶ 最聪明的规划师

地球上最强大的规划师不是人类，而是一种四不像生物：黏菌。

将一粒燕麦片放在迷宫的出入口，黏菌很快就会覆盖所有通道，等到锁定目标后，缩回多余部分，最后选定最短最有效的道路。

但走迷宫，对黏菌来说真是小菜一碟。35块燕麦片，滴上黏菌，它们会以1小时1厘米的“龟速”开疆扩土，摸到一个吃的就以此为中心建立一个网络，等到全部摸清后，开始优化线路。燕麦和燕麦之间的通道被一一强化，没用的就砍掉。大约过了26个小时，见证奇迹的时刻就到了，黏菌们高度还原了一张东京铁路网，甚至比人类建立的铁路网更加灵活高级，最大的那块燕麦所在地就是东京站。

这个小东西，只用一天多一点的时间，就完成了人类耗费100年完成的事情。

谁能解释下，为什么无脑无神经的黏菌会做出如此智能的选择？

▶▶ 地球建筑大师

金丝燕

金丝燕的家安在离洞穴 100 米高的岩架上，建筑材料是自产的黏性唾液，逐层加固之后，唾液变硬，一个完美的水晶杯般的巢窝就诞生了。这个洞穴上的公寓世代都是小金丝燕最安全的家园。

土拨鼠

竹鼠会从地下收割竹子，安在自家“农场”里，做成公寓。不过它的亲戚土拨鼠的家更专业，洞内每家都有 30 米长的地道，连着卧室、洗漱间、储藏室、育儿室，甚至有防洪装置和逃生出口。地面像火山口一样的是瞭望塔，能换气。屋外就是能吃的大片草坪，整个社区还有“片警”放哨。

切叶蚁

把水泥灌进切叶蚁的老巢，等水泥一凝固，挖掉周围的土，一个巨大的城堡就现形了。切叶蚁城有“公路”连着“房间”，还有“小道”通往“真菌农场”。一座可容纳1200万“居民”的切叶蚁城，按人类的比例来算的话，面积接近8平方千米。

白蚁

白蚁更厉害，不同类型的白蚁会铸造出木栖巢、地下巢、地上巢、土木栖巢等不同类型的复杂巢窝。这些巢窝不仅是它们的卧室，更是它们大量储藏食物的仓库。白蚁巢不但有供成员飞出巢的分飞孔，还有透气通风用的通气孔。因为这些设计，白蚁巢多冬暖夏凉，巢内温度一般处于20℃至28℃之间。

蜂鸟

地球上最小的鸟，凭实力安家，叼些纤维绕成圈，再偷一些蛛丝加固，完了再用小脚踩实，差不多成型后，用叶子和苔藓封墙，一个硬币大小的完美小窝诞生了。

织巢鸟

一场雨过后，乌拉圭牧场上的一对织巢鸟开始了它们的表演。它们是专业泥匠，用红黏土和植被混合成的土坯，塑个形就是爱心的形状。一个多月工程下来，房子只剩了一个大前口，其貌不扬，但切开会让你惊掉下巴，里面有厅、有内室，小织巢鸟就在内室里安睡。

河狸

河狸安家看地段，它们选了美国落基山脉脚下的大湖，先造了大坝防水灾，这坝能有几百米长，防水位能到 1 米以上。这都是河狸半夜伐木，再用水运堆砌而成的。“城堡”造在岸边，入口在水下，十分安全。上面是套间，有“干燥房”和“休息室”，屋顶的材料会松散些，方便空气流通。它们甚至还造了“护城河”。

▶▶ 地球劳模

蜜蜂是地球上当之无愧的劳模。生产一公斤蜂蜜需要数万只蜜蜂，飞行 45 万千米（这个距离相当于绕地球 11 圈多），采集上百万朵花，工作 33300 个小时。

蜜蜂会用跳舞的方式向同伴发送信息。如果跳的是圆舞曲，说明花朵就在附近；如果跳的是“8”字舞，说明花朵所在地与蜂巢在一条直线上；如果不在太阳方向，则会偏向相应的角度摇摆身体。

找到花朵后，工蜂一头扎进去吮吸，花蜜会存进其中一个胃里，待装满和体重差不多的花蜜后，开始返巢。途中消化酶会把花蜜转化成金色蜜汁，回到蜂巢后，花蜜会被吐到另一只工蜂嘴里，依次投喂。累加的消化酶将多糖转化为单糖，吐进蜂室后，工蜂们扇动翅膀，蒸发花蜜中的水分，使之变稠，最后用蜂蜡封口。

一个正常蜂巢一年能生产超过50公斤的蜂蜜。此外，全球1/3农产品需要授粉，80%由蜜蜂完成。

▶▶ 大自然“撩妹”指南

一只漂亮的园丁鸟，为了吸引雌鸟，又是搭亭子又是准备才艺。

天堂鸟也是如此，雌鸟看上去平平无奇，雄鸟却掌握了地球上最华丽的舞蹈——芭蕾、恰恰、倒挂金钩，有时还需要两两斗舞。

为什么努力的都是雄鸟？因为在动物世界里，如果一方在养育后代上付出更多，就有权利选择最好的配偶。专业一点说，这叫“亲代投资”。

比如北极熊，熊妈妈得独自抚养小熊3年，熊爸爸是生完就跑，所以母熊在择偶时，会用各种方式测试公熊的体能，确保能得到最好的基因。

相应的，海马世界里爸爸负责孕育后代，所以公海马就会在择偶上更加挑剔。

如果双方在亲代投资上差不多，比如帝企鹅、信天翁，都是一起带娃，那就更偏向一夫一妻，讲究白头到老。

例外的是雄河豚。这家伙其貌不扬，为了求偶会没日没夜不间断工作一周，打造出自然界最杰出的爱床。令人迷惑不解的是，雌鱼睡醒就走了，雄鱼还要留下来，又是当爸又是当妈。

熊猫的力量

一个模糊不堪的熊猫视频，在互联网上竟然有1000万点击量，让CCTV的海外账号粉丝数量秒杀BBC。这就是熊猫的力量。

熊猫俘获人类的欢心，是因为照抄了婴儿胖嘟嘟、大眼睛、大头、内八字这些萌点。

截至2020年12月1日，全球大熊猫圈养总数达到633只。其他国家想看，只能租。2只起租，10年，生了小熊猫要还给中国，饲养费一年100万美元，毕竟每天空运100多斤新鲜竹笋，也不容易。

一旦租成功，除熊猫便便可在当地做纸擦嘴，还会赚很多钱。

德国柏林动物园租完熊猫，当年游客从 140 万暴涨到 490 万人；英国爱丁堡动物园本来年亏 120 万英镑，租完当年盈利 240 万英镑；在日本出生的熊猫“香香”，人们看她要摇号，中签率 0.9%，一年能赚 15.7 亿元人民币。

不是所有国家都能租到熊猫的，比如，意大利人租不成，就把狮狗染色，做成熊猫的样子，不过看上去还算比较像。

▶▶ 加何优雅过冬

换上保护色的北美伶鼬，会钻到雪层底下，躲进田鼠刨的雪坑（隧道），里头 95% 都是空气，像铺了层羽绒被。伶鼬会抓田鼠，拔它们的毛，为自己垫窝。

跟日本雪猴一样，疣鼻天鹅也泡在伊犁河谷的天然温泉里过冬。

条件差一点的就只能抱团取暖了。帝企鹅是最高效的，它们挤在一起，中心温度能到 40℃（比外围高出 80℃），温度太高，甚至不得不散开一些，以便散热。

要过冬，食物也很重要，北极狐的捕猎技能看上去有点想不开，因为它们会跟踪北极熊，捡食它们的残羹冷炙。

滇金丝猴也很惨，只能啃树上的青苔。

还是狼最狡猾，它们直接偷水獭藏起来的鱼就可以了。

实在没有好办法，就只能去睡觉。

冬眠期间的北极熊心率急剧下降，不吃不喝也不方便，但能把体内的废物循环利用，转化成新的蛋白质，甚至还能在冬眠时分娩。

北极地松鼠也很牛，关闭主要器官后貌似已死，但每隔几个礼拜就会震颤身体，让体温恢复到正常水平，然后再重新冷却，进入深度睡眠。

▶▶ 动物的奇葩生存秘籍

蝎子会在食物充沛的季节大量繁殖，等到食物匮乏时，小蝎子就会成为大蝎子们行走的蛋白质，成为母亲自制的高营养晚餐。

雌性沙虎鲨会同时孕育多个胚胎，但最终只有一条小沙虎鲨能出生并成长，其余的胚胎都会被吃掉。和蝎子不同的是，胚胎不是喂养大沙虎鲨，而是小沙虎鲨。小沙虎鲨要靠吃掉兄弟姐妹吸取营养，甚至还会吃未孵化的卵。

肺鱼在河床干枯时，可以像哺乳动物一样呼吸空气，如果干旱持续几年，它们会在泥地里挖洞，钻进洞里，并通过分泌黏液防止身体脱水。在这种状况下，它们甚至还能存活多年。这时候，新陈代谢速度会下降 60%，仅靠消耗肌肉存活，相当于为了生存自己吃自己，直到雨季到来。

最最厉害的还要数双盘吸虫。双盘吸虫是蜗牛体内的一种寄生虫，但它在鸟类的腹中才能繁殖。双盘吸虫会入侵蜗牛的眼柄，使眼柄看起来像两只蹦迪的毛毛虫，这是生物学中所说的“攻击拟态”。它们通过这种方式可以控制蜗牛的大脑，强迫蜗牛爬到阳光下引起鸟类的注意，而当鸟类吃下被感染的蜗牛，双盘吸虫就获得繁殖产卵的机会，卵随着鸟粪排出，感染更多的蜗牛，一个新的生命周期又开始了。

▶▶ 动物眼中的世界

鸟类拥有 4 个颜色椎体感受器，它们能看到人类能看到的所有颜色，以及人类看不到的紫外线光谱。鸟类还可以迅速改变眼睛晶体的形状。因为拥有 3 个透明的眼睑，它们的眼睛就像是微距镜头和变焦镜头的相机，可以同时关注多个东西。

游隼有一只额外的眼睑瞬膜，可以保护眼球。游隼具有世界上最锐利的眼睛，俯冲时速能达到 389 千米（我国高铁最快的运营时速是 350 千米），在如此高速的飞行中，也能看到 1.5 千米外的老鼠。它们能通过尿液来追踪猎物，因为尿液中的磷会发光。

麻雀几乎看不到世界的颜色，不能区分绿色和蓝色。

马是哺乳动物中的大眼仔，它们的视线范围有 350°，看得比超广角镜头还要广。虽然马眼的配置很强大，但是缺点也很明显，只能看到蓝色和绿色。

青蛙虽然是个近视眼宝宝，但是拥有出色的夜视能力。

人眼有 3 种类型的视觉锥色素，感受红绿蓝色彩。猫的视锥细胞只有 2 种，不能接受红色范围内的波长，只能看到棕色、黄色和蓝色。猫有超强的夜视能力，眼睛又大又圆，但白天看什么都很模糊。

所有呈现蓝色的鸟，它们的羽毛中都有某种结构，只反射蓝色光线。但看起来是蓝色的动物中，体内有蓝色素的不到 1%，这 1% 非常稀有，它们才是真正的蓝色动物。橄榄翼蝴蝶、蓝色箭蛙，都是拥有蓝色素的动物。

昆虫的视力大多不好，蜻蜓除外，它的两只大眼睛里还有 3 万只小眼睛，这么多“摄像头”能够 360° 无死角观察前后左右上下。虽然配置很强大，但是缺点也很明显，蜻蜓因为眼睛太多而无法聚焦，所以看出去满眼都是马赛克。

狼可以看到我们看不见的紫外线。

生活在水中的鱼是一个超级近视眼，视力范围只有几十厘米。

猫头鹰是唯一不能分辨颜色的鸟类,视网膜中没有锥状细胞,但是夜间的视力是人类的3倍。它们的眼睛就像是一架管桩似的长焦距望远镜，能够在夜晚中捕捉到非常微弱的光亮。

猫和狗都是色盲，猫比狗更甚。狗有时候能分辨出黄色和蓝色。大多数猫只能分辨出一点点色彩,它们最擅长聚焦于一个物体,比如捉老鼠。但它们的夜间视力要比人类好。

▶▶ 昆虫第一大招

蚊子小时候叫孑孓，生活在水里，长大后羽化成虫，而其中的雌蚊才是我们所说的蚊子。

长大了和小时候完全不一样，动物学的专业术语叫“变态发育”，这是昆虫制霸地球最绝的一招。

在各种“变态发育”中，最厉害的还要数“完全变态发育”，成虫产下卵后，孵化成毛虫，毛虫就是一部“行走的进食机器”，吃到足够胖后，会硬化成壳，也就是蛹。这个时候毛虫体内一大堆零散的东西（成虫盘）会吃光毛虫的养分，各自发育成不同的器官，最后拼装重组，然后破茧而出。

昆虫中的四大家族——鞘翅目、双翅目、膜翅目、鳞翅目，都是完全变态发育。幼虫期和成虫期占据不同的生态位，这样既能避免同类竞争，又可大量繁殖。

当然，昆虫能够占据地球一半的物种数量，光靠这肯定不行，它们还有许多绝招。

18 植物奇谈

▶▶ 地球种子库

地球种子库是人类最后的希望。

170 多年前，爱尔兰土豆遭遇枯萎病，150 多万人直接饿死。

40 多年前，袁隆平将 1 株海南野生稻反复杂交，成功培育出超级水稻，养活了亿万人。

种子太重要了，但地球上已经有 3/4 农作物丧失了遗传多样性。

为了保证物种多样性，英国邱园建造过千年种子库，这些都是普通的种子。

10 多年前，在北极地区的永久冻土层，人类造了一座末日种子库。存储仓常年保持在零下 18℃，能放 450 万份种子，小麦、稻米、豌豆等能活千年，高粱最厉害，能存 1.95 万年。

这样的种子方舟中国也有一个，那就是西南野生生物种质资源库。

植物学家为了采样，每年至少走 3 万千米，日常饱受高原反应之苦。他们在海拔 4000 米的香柏中提取出抗癌成分，10 多年里收集了上千种植物的 4000 万颗种子，这些种子也许会在几百年后的某天，生根发芽，完成许多人的梦想，甚至拯救人类。

如果可以，你会在新的一年种下什么呢？

▶▶ 古怪水果展

糖粽果

东南亚街头水果，主产国是印度、缅甸、斯里兰卡、马来西亚等。切开一半是“囧”脸，直接抠也行，技术一流能吃到一整块，入口温和像荔枝。果肉洁白透明，口感软，有点脆，有点甜，就和果冻一样。当地人经常挖出果肉后放到饮料里卖。

黄皮果

原产华南，素有“果中之宝”的美称，果色泽金黄、光洁耀目，甜酸适口、汁液丰富，半透明果肉。富含糖分、有机酸、果胶、VC、挥发油、黄酮等，可降火消食、解表散热、顺气化痰。

嘉宝果

原产于南美洲的巴西、玻利维亚、巴拉圭和阿根廷东部地区。果肉透明多汁，一果四味（集合了山竹、菠萝、释迦果和番石榴四种水果的味道），通体是宝，被誉为“长在树上的黑钻石”。是一种集美容、保健、药用为一体的特种水果，在园林、食品、保健品等方面都深受欢迎。

蛇皮果

火山底下也能活，果皮带刺，果肉像蒜瓣，清香酸甜。是地域性水果，对产地的光、温、水等需求具有专一性，对温度要求较高。风味鲜美、营养丰富，在国际市场上颇受欢迎，是东南亚著名的水果之一。

可可果

彩虹色果皮，果肉像山竹。可可是原产于热带美洲的梧桐科乔木，其果实发酵及烘焙后可制成可可粉及巧克力。早在哥伦布发现美洲之前，热带中美洲居民，尤其是玛雅人及阿兹特克人，已经知道可可豆的用途。

泡泡果

披着芒果外衣的印第安纳香蕉，果肉绵密清甜。维生素 C 含量大约是一个橘子的两倍。据称，可有效防治胆囊炎。

佩吉果

闻起来是榴梿的味道。它产于巴西，味道很重，有人爱吃，有人特别讨厌。果肉像芒果，金黄色，中间一个白核。在产地是很普遍的食物，可以生吃，也可以用于烹饪或者做成饮料。

拇指西瓜

超迷你西瓜，口感像黄瓜，学名叫糙毛马交儿。果实外观小巧，大小和鸽子蛋、樱桃番茄相似。以家庭种植为主，用于鲜食、做蔬菜沙拉、凉拌、腌制、调制鸡尾酒等。

马米果

杏仁味儿，柔软香甜能做冰激凌，一个管饱。为山榄科桃榄属下的一个品种，分布于中美洲，果实富含维生素 B_1、维生素

B_3、维生素 B_6、维生素 C、维生素 E、镁、钾和膳食纤维等。

这些水果，你可能没见过

海椰子，原产塞舌尔，濒危，中国种植不超过 3 棵，3 到 5 年成熟一个。

香波果，欧洲人趋之若鹜，传言吃完放屁带紫罗兰香味。

印尼水椰子像流星锤，果肉晶莹剔透，好吃。

水果不都是鲜美多汁，蛋黄果就非常干。

瓜馥木，品尝美味要看缘分，有人吃了会中毒。

阿奇果裂开前有剧毒，裂开后是牙买加的国菜。

地球上的山竹有 400 多种，你只吃过一种。樱桃山竹，比拇指小。酸黄果山竹，大到像南瓜，一个就吃撑。棱果山竹，颜值很高。

沙巴果，波罗蜜的一种，白色果肉。

米糕果，长得像米糕，味道更像。

牛奶果，拥有非常漂亮的紫色。

圆果杜英，诡异的蓝色，它的核一般被用来做金刚菩提手串。

翅果竹芋，甜度是蔗糖的 3000 倍，舔一口吃什么都是甜的。

▶▶ 琥珀时光机

齿胸波眼甲，是一名 15 岁的高中生在琥珀中新发现的恐龙时代的甲虫，生活在 9900 万年前的白垩纪中期。

远古时期，松柏等树木为了堵住伤口会分泌树脂，埋入地下后，树脂在一定温度和压力作用下，石化后就形成了琥珀。如果此前刚好有一个倒霉鬼被树脂裹住，虫珀就诞生了。树脂里的防腐物质，可以破坏生物体内的微生物，使其脱水，成为天然标本。

所以每一颗琥珀，都是一条通往千万年前的“时光隧道”。这样的“时光机”，在波罗的海沿岸甚至可以随便捡，即海珀。

琥珀种类非常多，中国抚顺产煤珀，多米尼加产蓝珀，而在缅（甸）北（部）产区，中国科考队还发现过世界首例古鸟琥珀、恐龙琥珀、蛙琥珀、蛇琥珀……

相较于古人爱用琥珀做装饰，现代人更关注琥珀中的远古生命信息，如果人类可以提取出完整的古生物 DNA，就可以像《侏罗纪公园》里那样，用琥珀中保存下来的血液来复活恐龙了。

但是，要真的能那样，你愿意复活什么呢？

▶▶ 兰花的套路

要说地球上最厉害的拟态大师，还得数花中君子：兰花。

章鱼兰、飞鸭兰、鹭兰、芭蕾舞女兰……长相千奇百怪，目的只有一个：完成传宗接代。

最初级的套路是“色”诱，蜂兰会拟态成雌蜂，并释放类似的信息素，被爱情冲昏头脑的雄蜂会在一次次前仆后继中帮助它完成授粉。

澳大利亚特有的铁锤兰更是这方面的高手，胡蜂一上门就想抱走“雌蜂”，一用力就会被翘翻，粘得满身粉，然后飞到哪儿，铁锤兰的花粉就落到哪儿。

高级一点的是布置机关，等蜜蜂一来，花瓣就会扣上。灼兰的机关更绝，它们进化出中空的花瓣，被吸引的雄蜂三天两头栽进去。当然灼兰也设计好了路线，雄蜂会在唯一的逃生出口迎头撞上花粉块。

地球上 25000 种兰花，大多套路满满，但也正是这种超高的授粉效率，使得兰花家族成为植物第一大科。其实种子为了生存，进化出的绝招更多。

▶▶ 椰子的自我修炼之路

椰子在海上漂泊 110 天，还能靠岸生根发芽，这是因为它搞了好几套“装备”。

它们的皮革外层能挡狂风、大浪，中间纤维层富有弹性，具有一流防震功用，还能当救生衣。最里一层，是最坚硬的骨质层，一般刀子都砍不破。椰子水和椰肉其实是供养种子的胚乳，富含脂肪、蛋白质和维生素。当椰子跨越几千千米漂到另一个海岛上准备安家落户时，种子的胚就会钻出果皮上的萌发孔，新生之旅就此开始。

这不算什么，生物为了繁衍，真的是演化出了十八般武艺。

老鹳草就像古代的投石机，能用“内力”把种子弹出去。

更神的是牻牛儿苗，螺旋状卷曲的种皮遇水就会膨胀松开，产生的旋转机械力可以把种子推进泥土里，一次失败还会重新“拧紧”，等雨水一来再次钻土。

▶▶ 竹子开花要搬家

竹子开花要搬家？你听过这种说法吗？

竹子一般很能忍，面临枯死时就会把毕生积蓄的养分都拿来开花结籽，而且一开就是一整片。所以，你以为看到的是竹海，实际上可能只有一株竹子，它们在地下是通过竹鞭连在一块的。开花后结出的种子就是竹米，也叫竹实。

传说，凤凰的食物梨竹结的果实会让黑鼠变身生产机器，每隔半个世纪，跟着竹子开花一起来的鼠患会让印度人瑟瑟发抖。

相比之下，东南亚人机灵多了，他们发现一旦竹子开花，就进入疯狂收割的模式。竹子是草，跟水稻一样是禾本，于是他们用稻米喂养野鸡，成功驯化出了吃完就乖乖下蛋的家鸡。

竹子“牺牲”后，会在竹荪的分解下重回大地。

▶▶ 植物防御

植物在受到伤害时，受伤的组织会释放出寡聚糖和系统素等代表疼痛的分子，提醒整株植物做好防御准备。

番茄受到伤害，会发出 25 种超声波求救，并释放茉莉酮酸甲酯，把自己变得不再美味，从而使毛毛虫自相残杀。

枫树受到昆虫攻击，能释放挥发性化学物质，周围的枫树接收到这种信号后立马提高自身的酚类和鞣质浓度，让自己变得更难下口。

植物似乎还明白“疼痛”的轻重，卷心菜被菜粉蝶青虫啃食时，施放的化学信号会吸引黄蜂来收拾这些青虫，入侵者越多，释放的信号越强。遗憾的是，人类无法感应到这些信号。

大白菜也不是省油的灯，受到攻击时会产生大量的芥子油苷，这种物质能驱散大部分昆虫，刺激哺乳动物的鼻窦。不过神奇的是，人类正好喜欢这种味道。

19 关于地球的想象

▶▶ 地球终极寿命预测

1000年后，北极星被赶跑了。

2000年后，全球升温12℃，冰川全部融化，海平面上升66米，再也不稀罕海景房了。

50万年后，小行星撞击地球，冰河世纪来临。

100万年后，超级火山爆发，地球再被整容，陨石坑被磨平。

500万年后，Y染色体消失，地球变成“女儿国”。

5000万年后，非洲与亚欧大陆相撞，挤出新的“喜马拉雅山脉”。

2.5亿年后，盘古大陆再次形成。

5亿年后，超新星爆炸，伽马射线暴带来物种大灭绝。

10亿年后，太阳变亮10%，海水蒸发，地球变烤箱，不再温柔。

20亿年后，地核冻结，地球停止转动。

38亿年后，仙女座与银河系相撞，生出新星系。

120亿年后，太阳质量损耗掉一半，变成白矮星，再无日落。

1万亿年后，恒星暴毙，只剩中子星和黑洞愉快地飘荡在宇宙中。

100 万亿年后，黑洞越来越黑，游荡在宇宙，“吃”着一切还残留着的物质。

▶▶ 地球很忙

想一下，接下来 24 小时地球上会发生什么？

太阳释放 3.3×10^31 焦耳能量，地球吸收了 22 亿分之一热量，再多就不好了。

最勤快的中国人要走 6189 步。

1 个人呼吸 2.3 万次，心跳 11.5 万次，大脑处理 8600 万条信息，却只笑了 15 次。

16.5 万人结婚，35.3 万个孩子出生，1800 万人许下生日愿望。

中国人平均沉迷于玩手机的时间为 3 小时，但有些国家的人平均沉迷于玩手机的时间为 5 小时。

卖出 191 万瓶老干妈、2.7 亿包方便面。而且，中国人点了 3000 万份外卖。

阿根廷人睡了 10.2 小时，日本人最惨，只睡 6.5 小时，失眠的人中有一半是 90 后。

3470 万人花费 71 亿元，只是为了看看其他人在干啥。这些人中有 40% 是中国人。

地球从来不缺盐

整个地球上，光海洋盐就有 48000 万亿吨，够所有人吃 1 亿年。陆地盐更是多到青海人用盐造桥，玻利维亚人用盐造酒店。

但尽管这样，“盐和面包”却还是俄罗斯人待客的最高礼节。

盐中有“贵族”，夏威夷海盐、喜马拉雅山盐、地中海片盐、法国盐之花，一斤动辄近万元。

地壳运动把湖泊和大海隔开后，水分蒸发形成一片含盐量非常高的湖水，就是天空之镜——盐湖。中国有 1500 个盐湖，是世界上拥有盐湖最多的国家。

古代巴人（现重庆人）最早开发盐泉，所以盐又叫“盐巴”。

盐水不容易结冰，所以城市一下雪就撒盐防冻，但化雪盐不是食用盐，可别铲回家。

女孩眼泪的含盐量为 0.6%，越伤心越苦，所以别让女孩流泪。

炒蔬菜时盐放太早，蔬菜会出水，卖相就不好看了。

这些食物是吃盐大户：香瓜子、薯片、火腿肠、泡椒凤爪、腐乳、咸鸭蛋，还有咸鱼。不能多吃盐的人，要注意。

▶▶ 我们能挖穿地球吗?

人类能挖穿地球不?试试看。

挖5米,恭喜你,挖到世界第八大奇迹,兵马俑一枚。

挖105米,挖到了世界最深的地铁站,乌克兰美女在招手。

挖305米,躲在这里安全吗?可能不,钻地核导弹仍可击中你。

挖392米,会看到英国人徒手挖的井,这个纪录从1862年保持至今。

挖970米,发现美国一个露天矿场,把迪拜塔放进去,还差100米。

挖1642米,出现世界上最深的湖泊贝加尔湖,中国的苏武曾在附近放过羊。

挖4000米,常温66℃,南非人正在埋头挖金子。

挖8844米,珠穆朗玛峰倒着放刚好。

挖11887米,这是飞机的飞行高度。

挖12262米,会遇到180℃的高温,只好停下来。后来,一家石油公司又往下挖了114米。真是有钱能使鬼推磨。

人类的挖掘纪录到此为止。

到地心的实际距离有6340千米,相当于从舟山南海观音像徒步到伊朗。然而,人类只走到了舟山客运中心。渺小的人类啊。

地球24小时进化

从地球开始形成到现在，大约经历了46亿年的时间。如果把地球的46亿年历史压缩成普通的一天，每秒钟就相当于5.2万年。我们看看，这一天中，地球上发生了什么。

00：00，地球诞生，太阳系原始星云、星际物质组成了原始的地球。

01：50，海洋形成，早期地球很热，大量的水变成水蒸气，随着温度变低，水蒸气变成雨滴落回地面。这场雨一下就是几百年，最终变成海洋。

04：00，地球上出现生命，它们是海洋里的原始单细胞生物。

21：08，澳大利亚埃迪卡拉动物群首次亮相，三叶虫和布尔吉斯生物群也随后出现了，地球迎来了寒武纪生命大爆发。

21：23，植物离开海洋，首先征服了陆地。

22：10，脊椎动物离开海洋，向陆地进军。

22：24，地球上覆盖着石炭纪的大森林，它们的残留物变成了我们现在用的煤。

22：49，恐龙才登上地球的舞台，称霸地球大约50分钟。

23：39，恐龙家族全军覆灭，走向消亡。

23：59，人类诞生，在最后的0.1秒里，人类的第一个文明诞生了。

在距今最近的6000年里，人类是地球上最高等的生命形态，但也是最年轻、资历最浅的居民。24小时的最后一分钟，人类出现啦。

20 暗中的地球

▶▶ 地球能量工厂

把一片叶子放大 1000 倍，可以看到每个细胞里的叶绿体，虽然只有头发丝的 1/200，但千万不要小看，地球上最强的生产线就在这里。

叶绿体通过环状的集光复合体收集太阳光，两个带电光子就能把一个水分子分解成氢和氧。植物会把没用的氧气排出，剩下的氢原子，留到夜里与二氧化碳结合。这时，细胞会发光，它在生成糖类，这些营养会在 15 分钟内运送到根部，促进整个植物的生长。

这就是自然界运行了 30 亿年之久的光合作用。只耗费了一点点太阳能，产生的总能量，却是整个人类文明动力总量的 6 倍。并且因为它，曾经的紫色地球变绿了，出现了新一轮的生命大爆发。

如果人类彻底掌握叶绿体的秘密，掌握了光合作用，移民火星就快了。

▶▶ 地球“流量”之王

地球上最大的瀑布，藏在南大洋洋底，每年最冷的时候，南极冰间湖表层水温会降至零下1.5℃。这是它的冰点。此时，海水的物理特性就会发挥作用，表层海水迅速结冰，并不停析出盐分。

高盐度海水因为密度更大，不断沉入海底。在下沉过程中，周围海水又会遇冷结冰，形成罕见的海洋冰柱，海水不断向下倾泻，到达海底后，它们会向四周扩散数百千米，并沿着南极大陆架的边缘继续往下。

这时候，地球上流量最大的瀑布就诞生了。

这些富含氧气和盐分的海水将朝着赤道流入各个大洋的底层，沿途大喊："打扰了，我们来送氧气，顺带调个温。"正是这股潮流，让地球开启新一轮的活力循环。

▶▶ 地震到底怎么来的

金门大桥恐怕是地球上最惨的大桥，经常被各种灾难电影搞垮。不过，你要是知道它地处环太平洋火山地震带，就会觉得这些搞垮很合理。

环太平洋火山地震带是地球受损面积最大的区域，号称“地球火环”，加州、日本、印尼等地，地球上75%的火山、90%的地震，都分布在这4万千米长的火环上。

北美西岸的GPS数据显示，大陆板块每年都在往西移动7.62厘米。

没错，地壳一直在移动。

地心是这一运动的强大引擎，它加热岩石后，推动熔岩往上抬升，在靠近地表后朝两侧扩散、下沉，形成了强大的对流，这一过程缓缓拉开地壳，推动了板块移动。

当太平洋板块俯冲到四周大陆板块之下，岩石熔化后升向地表形成火山，而岩石推挤滑移，就带来了地震。

地球的邻居

土卫二

宇宙“寒冰射手”，冰泉喷射时速可达600千米，因为几乎没有引力束缚，冰柱高达数千千米。一些冰晶落回地表，其余直达土星周围，形成一整个土星E环。

木卫一艾奥

浑身是疤，每个熔岩湖有 5.5 个青海湖那么大。火山喷发时气体冲出地表迅速膨胀，粉碎熔岩，形成微粒泉。高达 500 千米的火山喷泉，落回地表凝结成大片二氧化硫晶体，一年让地表增厚 1 厘米。

赫比格－哈罗天体

可谓“太空龙卷风”，是新生恒星高速喷射的气体猛击周围静止的气体时生成的高速射流，高速喷射的气体加热静止的气体使其发光。

金星

“极地双龙卷”，因为持续的高温，热从赤道升起，下沉到最冷的极地，产生了一对巨大的 上下颠倒的龙卷风。

褐矮星

失败的恒星最疯狂。大气层深处，高温促使铁蒸气上升，冷却凝固，形成沙粒。1500℃铁雨像喷砂机一样，以时速 100 千米下坠，将地表砸得粉碎。

▶▶ 你听不到的地球暗音

2011 年东日本大地震，一个安置在太平洋底的麦克风，记录了地震声音。这个麦克风的记录证明，9 级以上地震会导致地球在 3 个月内都有回响。

电影中霸王龙的吼叫是合成的，实际上霸王龙的叫声或许更接近鸟类叫声，是一种低频喉音。但恐龙的一声“咕咕哒”会让你瞬间出戏。

鲸自带“音箱”，唱歌时不用呼气。胸腔和喉部的肌肉收缩，会让空气从 U 形折叠中经过，进入喉囊，发出美妙的共振，传到几千千米之外。一般雄鲸到了一定季节，要找对象就会开始唱。不过也有一头 52 赫兹鲸，独自唱歌旅行 20 年，没有一头鲸应答它。

蚂蚁会通过刮擦硬邦邦的肚子来发声，并且不同工种的蚂蚁声音是不一样的。

甲虫还会模仿着蚂蚁的声音潜入蚁穴，傻蚂蚁被吃掉还不知道反抗。

美国新墨西哥州的陶斯之声是一座沙漠小城神秘的低频声，但只有 2% 的居民说听到过，声源不明。

▶▶ 还有地球暗速

地球上有些速度，你看不到。

大黄蜂在空气动力学上算是人才，又大又胖，还想飞得稳，小翅膀必须一秒舞动 200 次，练得胸肌都发达了。

爆破的真实威力不在爆破，在冲击波，将速度放慢 100 倍，引爆电流。千分之一秒后火药点燃，百万分之一秒，火药从固态变气态，冲击波墙出现了，然后以 300 米每秒的移动速度推进，足以撞飞任何物体。

水玉霉，一种长在马粪堆上的真菌。为了生存，必须弹到 2 米开外，为突破空气阻力，它要在 2 微秒内从静止加速到 8 米每秒，好比人被弹射到 10 倍音速那么快。这大概是迄今所知的地球上速度最快的生物，只有放慢 1 万倍，才能看得到。

▶▶ 台风怎么来的

东南沿海的同学，每年都会有那么几天“台风假”。因为地球上 37% 的台风（平均一年 26.5 个），都诞生在西北太平洋，它们只需要一晃，很容易就到中国了。

8 月台风最多。海洋吸饱热量后（此时的洋面温度会超过 26.5 ℃），开始膨胀上升，海面气压降低，新的空气补充进来，跟着上升，这一循环在地转偏向力作用下，会在北半球形成一个逆时针旋转的涡旋，学名叫“热带气旋”。只要有能量补给，这个气旋就会越来越强大，直到中心风速超过 32.7 米每秒，真正的台风就形成了。

12 级以上的热带气旋，就是我们说的台风。

台风移动一般就三条路，西线、西北线、开口向东的抛物线，但在副热带高压等的压迫下，会出现一些“神走位”，简直难以琢磨。

当破坏力太强的时候，台风就不配拥有姓名了。2018 年的“山竹”就被除名了，它当年被泰国命名为“榴莲”，中国最早取的三个名字也被除了。

▶▶ 超级神冈

地球上最清的水不在贝加尔湖，不在恩施屏山峡谷，也不在长白山天池，而是藏在日本岐阜县一处废弃的矿山里。

从这座矿山进去 2000 米，大概地下 1000 米的地方，就是超级神冈探测器的位置。探测器是一个 10 层楼高的水箱（高 41.4 米、直径 39.3 米），里面装了 5 万吨超纯水（20 个奥运会标准泳池的水）。纯到什么地步？通过不断循环净化，电阻率可维持在 18.2MΩ · cm，要知道普通自来水的电阻率是 1300Ω · cm。

这些超纯水是用来探测中微子的，也就是宇宙中可以穿透一切事物的“幽灵粒子”。它们接近光速，每时每刻都在穿透地球。其中极小一部分有极小的概率，与地球上的物质发生作用。比如撞上这些超纯水，释放轻粒子，产生可见光。那时候，人类再用 1.1 万只“眼睛”（光电倍增管），就可以捕捉到这些光。

正是这个强大的探测器，催生了两个诺贝尔物理学奖。听起来是不是很令人振奋？想象一下，地下 1000 米，与世隔绝，只有一桶水和一万多只“眼睛”，寂默无声，只为等待那一点点微光。

21 太阳系及海洋

月亮有多重要

假如月亮突然消失，地球上会发生什么？

地球的自转速度提升 3 倍，一天的时间只有 8 小时，一年变成 1100 天，永远是新的一天，会很难熬。

天气暴躁异常，地球变火星 2.0，台风一刮就是一年，地轴开始乱偏，两极变赤道，赤道不长草，再也没有四季轮回。

潮起潮落不再明显，鲨鱼失去了捕食能力，螃蟹失去了繁殖能力，海藻吸收不了月之精华，海洋系统彻底紊乱。

海啸席卷全球，三层楼高的水墙瞬间淹没海景房。洋流开始乱跑，各大渔场没鱼了，生活在赤道的企鹅也完了。

磁场屏障消失，宇宙射线穿越大气层，在地球表面乱窜，各大生命体都无法承受。

黑夜更黑了，夜行动物再也找不到吃的了，越长越矮。

一天三次被小行星轰炸，天天都能看到流星雨。

很可怕，是不是？但实际上，月亮真的正在一步步远离地球（每年 3.81 厘米的速度）。

5% 的海底世界

海面以下 0 至 200 米是光合作用带，阳光中大部分可见光都可以照射进来，海洋表层的浮游植物就在这里生存。

3 米，这是人普遍游泳的深度。

30 米，珊瑚礁和海底植物生长的地方。

100 米，这里生活着北太平洋巨型变色章鱼。这种章鱼居然有长期记忆，非常聪明，甚至可以开罐头。安康鱼在这里等着猎物送上门来。雄鱼的大小只有雌鱼的 1/10，它一生的生存目的都是为了傍一个“富婆”。

海面以下 200 至 1000 米的中层带，阳光基本照射不到这里，氧气含量很低，海水温度也从 20℃降到 4℃。

200 米，这个深度是浅海区，也是皇带鱼的家，据说这种鱼每次出现都会带来地震和海啸，它身长可达 15.2 米。

300 米，这里可以遇到现存最大的甲壳动物甘氏巨螯蟹，拥有 4 米的大长腿。这里的水压，相当于你的每寸皮肤上都有一个 540 斤的胖子在跳舞。

500 米，蓝鲸栖息的最深处，它的舌头和大象一样重，血管宽到人可以在里面游泳。

600 米，大鳍后肛鱼正瞪着一双朝上的双眼，看看哪条美味的小鱼从上方游过。对了，它的头是透明的。

海面以下 1000 至 4000 米的深层带，这里几乎断绝了一切能量来源，温度恒定在 4℃左右。深海鱼长得都很随意。

1300 米，生活着欧氏尖吻鲨，它的嘴和颚是分开的，吃东西的时候张开嘴，牙会飞出去把东西咬住，然后再收回来。

1700 米，是南象鼻海豹可以下潜的极限深度，它们是“重量级”选手（成年体重重达 4 吨），几乎没有天敌，但是幼崽经常被成年海豹压死。

2200 米，抹香鲸和大王乌贼正在厮杀。

2800 米，小飞象章鱼的聚居区，这是少有的长相可爱的深海鱼。

3000 米，压强是地面的 3000 倍，海雪落下来要好几个月。这个深度水温只有 1℃到 2℃，完全无光，抹香鲸在这里觅食，它可以把肺压缩到体积的百分之一。

3750 米，泰坦尼克号沉没在这里。

3800 米，这是全世界海洋的平均深度。

海面以下 4000 至 6000 米的“深渊带”，很少有生物存在，许多鱼退化成瞎子，用触觉器官代替视觉器官。

5000 米，尖牙鱼，它们不挑食，看到什么吃什么。

5900 米，动画片《海绵宝宝》里的“派大星”被设定为居住在这里。

海面以下 6000 米至 10000 多米的“深海带”，少量无脊椎动物在这里“蓬勃发展”。

7062 米，中国蛟龙号在马里亚纳海沟的最深下潜记录。

8000 米，大家平时常吃的三文鱼就在这里。

11034 米，马里亚纳海沟，这里是人类已知的最大海底深度，足够把珠穆朗玛峰塞进来。

地球超过 71% 的表面积被海洋覆盖着，但人类对海洋的了解还不超过 5%，远不及对火星的认知程度。

▶▶ 加果海水突然消失

海洋占据了地球 71% 的表面积，海水消失了会怎样?

会空出来大约 13.2 亿立方米的空间，空气会在 30 秒内占领海底，地球上现有的空气因此被稀释。相当于全球平均海拔升高

4000 米，温度起码要下降 24℃左右，周围的空气会变得稀薄而寒冷，就像初到青藏高原的游客刚下飞机时血液中会暂时缺氧。无论你生活在哪里，所有人都会出现高原反应。

海底表面的软流层因为失去海水重量的压制，大量的火山岩浆会瞬间爆发。海水占据了地球表面积的 71%，也就是说，地球上 71% 的区域都会发生火山爆发。更糟糕的是，我们连呼吸都成了难事，地球上 70% 的氧气是海藻提供的，当这些植物灭绝时，地球上的氧气必然会供不应求。

海水消失后，我们失去了地球上 97% 的水资源，仅剩 3% 的水还会因为降温只能以冰霜的形式存在。因此，海洋消失 2 周后，降水也会完全消失，随后干旱席卷全球，并引发人类史上规模最大的火灾。燃烧会释放大量的二氧化碳，产生温室效应，气温飞速飙升，地球平均气温将会升高 20℃至 30℃，并恶性循环。

当大气中二氧化碳占比达到 95% 时，地表大气压随之暴增 92 倍，而后，气温会飙升到 462℃，用不了多久，地球看起来就跟金星差不多了。

图书在版编目（CIP）数据

这居然都是真的 / 地球村讲解员著. -- 南京 : 江苏凤凰文艺出版社, 2021.6
ISBN 978-7-5594-5877-3

Ⅰ. ①这… Ⅱ. ①地… Ⅲ. ①科学知识 - 普及读物
Ⅳ. ①Z228

中国版本图书馆CIP数据核字(2021)第080543号

这居然都是真的

地球村讲解员 著

责任编辑 李龙姣
策划编辑 靳 凌 薛纪雨
装帧设计 MM末末美书 QQ:3218619296
出版发行 江苏凤凰文艺出版社
南京市中央路 165 号，邮编：210009
网 址 http://www.jswenyi.com
印 刷 北京盛通印刷股份有限公司
开 本 880 毫米 ×1230 毫米 1/32
印 张 7.5
字 数 121 千字
版 次 2021 年 6 月第 1 版
印 次 2021 年 6 月第 1 次印刷
书 号 ISBN 978-7-5594-5877-3
定 价 59.80 元